MANESSE  BÜCHEREI

56

Der Bundespräsident und Freifrau von Weizsäcker

bitten

....

....

zu einem Mittagessen
zu Ehren von Professor Dr. Dr. h. c. Golo Mann
aus Anlaß seines 80. Geburtstages
am Mittwoch, dem 12. April 1989, um 12.30 Uhr.

Villa Hammerschmidt, Bonn
Dunkler Anzug / Kurzes Kleid   *Einfahrt: Kaiser-Friedrich-Straße 16*

Richard von Weizsäcker
Geburtstagsfeiern

Manesse Verlag

Zürich

Inhalt

Das Gastmahl ist eine Urform menschlicher Gesittung. Im antiken Griechenland war es der Rahmen geistreicher Gespräche. Über die Zeiten hinweg galt es als heilig. Es brachte Schutz und Hilfe für den Fremden, begründete mit ihm ein Verhältnis auf Gegenseitigkeit, brachte ihn mit eigenen Vertrauten zusammen und mündete oft in Freundschaft.

Sakraler Charakter und ritueller Respekt der Formen sind mit der Zeit in den Hintergrund getreten. Dennoch bewahrt das Gastmahl seine unersetzliche Bedeutung der Feier für uns Menschen, die wir, wie uns schon Aristoteles lehrt, zur Geselligkeit geschaffen sind. Wir pflegen sie im persönlichen und privaten Leben. Aber sie hat ihren Rang auch im Kontakt zu Fremden und im Bereich der öffentlichen, vor allem der internationalen Beziehungen gewahrt.

Zumal für ein Staatsoberhaupt ist Gastfreundschaft ein *nobile officium*. Er bittet Besucher aus nah und fern «zu Gast und Ehren», wie es die Gebrüder Grimm nennen, deren warmherziges, heute auch eine deutsche Banknote von hohem Wert zierendes Gemälde seit Jahr und Tag den Bundespräsidenten in seiner Bonner Residenz, der Villa Hammerschmidt, erfreut.

Am bekanntesten sind die Tafeln zu Ehren ausländischer Staatsoberhäupter oder Delegationen. Es gibt aber vielfältige Anlässe. Meine Frau und ich haben uns während unserer zehnjährigen Amtszeit, mit tat-

kräftiger Hilfe von Dr. Erich Milleker, eine Art Gastmahl ausgedacht, die sich zu einer unserer schönsten
Pflichten entwickelte. Wenn es zu einem herausragenden und im Alter vorgerückten Lebensjubiläum einer
Persönlichkeit kam, die für unser Land von außergewöhnlicher Bedeutung geworden war, dann richteten
wir eine Geburtstagstafel zu ihrem Ruhme, mit ihren
Familien und mit Freunden und Kollegen nach ihrer
Wahl.

Indem nun die Geburtstagskinder den Hauptteil der
Gästeliste bestimmten, machten sie uns Gastgeber
selbst zu Gästen ihres Lebenskreises. Das war für uns
etwas Wunderbares. Und so sollte es ja auch sein.
Im deutschen Sprachgebrauch unterscheiden wir
zwischen Wirt und Gast. Im griechischen *xenos*, im
lateinischen *hospes*, im spanischen *huesped*, im fran-
zösischen *hôte* bleiben aber beide Bedeutungen in
einem Wort verbunden. Des Wirtes Wunsch ist es,
den Gast aufzufordern, bei ihm selbst Wirt, nicht
mehr Gast zu sein. Er soll sich nicht als Fremder fühlen, sondern wie zu Hause. Er wird, wie der Einla-
dende, zum Wirtsgast.

Aus diesen Geburtstagsfeiern sind für meine Frau und
mich unvergeßliche Erlebnisse geworden. Die vorbe-
reitende intensive Beschäftigung mit dem Lebensweg
der Jubilare trug allein schon ihren Lohn in sich
selbst. Hinzutrat die nähere Bekanntschaft mit dem
Kreis von Menschen, die sie in ihrem Wesen und Wirken mitgeprägt hatten. Auf diese Weise präsentierte
sich ein bedeutungsvolles Thema, ein maßgeblicher
Sektor unserer Zeit und Gesellschaft nach dem anderen in konzentrierten Runden. So begegneten wir aus

Anlaß des 80. Geburtstages von Hans Werner Richter beinahe der gesamten «Gruppe 47», die eine einzigartige Schöpfung unserer Literatur und Kultur geworden war; beim Geburtstag des Kölner Kardinals Höffner praktisch allen katholischen Oberhirten unserer Nachbarländer; bei Bernhard Minettis Jubiläum den Großen unserer deutschsprachigen Bühnen; und *mutatis mutandis* war es so auch bei Willy Brandt und Max Schmeling, bei Hans-Georg Gadamer und den anderen Geburtstagskindern.

Mit diesen Begegnungen hat uns die Amtszeit einen unvergleichlichen Erfahrungsschatz und menschlichen Reichtum gegeben. Sie haben die Freude am eigentlichen Wichtigen im Leben gefördert, die sich in einem politischen Aufgabenfeld gegenüber anderen Tätigkeiten nicht abschwächt, sondern eher verdichtet, nämlich die Neugier und Vorliebe für die Mitmenschen und ihre Welt. Als ein Dank an diese Zeitgenossen sind die Ansprachen gedacht, die ich zu Ehren der Geburtstagskinder gehalten habe und die, nebst zweier Beiträge anderer Teilnehmer der Tafelrunden, in diesem Band vorgelegt werden.

Berlin, im Januar 1995   Richard v. Weizsäcker

GÄSTELISTE
WOLFGANG KOEPPEN

Dr. Siegfried Unseld
Frau Unseld
Ulla Berkéwicz
Thomas Bernhard
Horst Bienek
Tankred Dorst
Ursula Ehler
Hans Magnus
   Enzensberger
Heinz Friedrich
Maria Friedrich
Dr. Jürgen Kolbe
Vera Kolbe
Prof. Dr. Hans Maier

Prof. Dr. Marcel
   Reich-Ranicki
Teofila Reich-Ranicki
Dr. Joachim Unseld
Stephan Hermlin
Irina Hermlin
Dr. Ulla Hahn
Elisabeth Borchers
Jurek Becker
Christine Becker
Wolfgang Ignée,
   Stuttgarter Zeitung
Frau Ignée
Ulrich Greiner, Die Zeit
Wolfram Weidner

Verehrter, lieber Herr Koeppen!

Ich bin Ihnen sehr dankbar, daß Sie die Reisebe-
schwerden auf sich genommen haben, um heute mein
Gast zu sein. Ich darf Ihnen verraten, daß ein kleiner
Anbau dieser Villa Hammerschmidt das «Palmen-
haus» heißt – über ein «Treibhaus» jedoch verfügen
wir nicht.

Der Anlaß für meine Einladung war Ihr 80. Geburtstag, den Sie und alle Ihre Verehrer am 23. Juni gefeiert
haben. Einige dieser Verehrer habe ich dazugebeten,
um Sie heute ein wenig weiter zu feiern – was nichts
anderes heißt als: um Sie gemeinsam zu ehren. Meine
Frau und ich begrüßen Sie alle auf das herzlichste und
heißen Sie hier willkommen.

Zu Ihrem Geburtstag, Herr Koeppen, sind landauf,
landab eine Fülle von Artikeln erschienen. Viele von
ihnen habe ich gelesen, und dabei fiel mir zweierlei
auf: Zum einen erschienen sie mir ungewöhnlich gut
geschrieben. Ganz offensichtlich haben sich die Kritiker angestrengt und sich Mühe gegeben. Wenn man
ein so bedeutendes Werk wie das Ihre behandelt, dann
kann man das eben nicht nebenbei tun. Man muß
schon sein Bestes geben, damit der Abstand zwischen
dem Gegenstand und den eigenen Worten nicht gar so
groß erscheine. Und es ist ja auch nicht leicht – das

spürt niemand mehr als ich in diesem Augenblick – über Wolfgang Koeppen angemessen zu sprechen, zumal wenn es in Gegenwart von Herrn Reich-Ranicki geschieht. (Anmerkung: Reich-Ranicki hat sich von Anfang an für das Werk Koeppens mit all seiner Autorität sehr engagiert eingesetzt.)

Das zweite, was mir auffiel, war, daß es überhaupt keinen Streit über die Bedeutung Ihres Werkes mehr gibt. Das ist ja nicht selbstverständlich bei einem Autor, der für diese Republik ja alles andere als gemütlich war. Auch die, die vor über dreißig Jahren Ihnen heftig widersprachen, weil Ihre Kritik zuweilen allzusehr ins Schwarze traf, sind Ihnen heute dankbar dafür, daß Sie diese Republik von Anfang an so ungeheuer ernst nahmen, daß Sie sie zum Gegenstand Ihres Hauptwerkes machten. Die Bedingungen auch unseres politischen Lebens werden nicht nur von dem gesetzt, was wir getan und geleistet haben, sondern in gleichem Maße von dem, was wir unterlassen und verabsäumt haben. Man braucht heute nur die Zeitung aufzuschlagen, um zu sehen, daß wir uns auch heute noch damit auseinanderzusetzen haben. In der Tat bin ich der Auffassung, daß Ihre Bücher uns bis heute vor die Entscheidung stellen, ob wir bereit sind, unser historisches Gewissen zu erforschen oder nicht. Das wird auch noch lange so bleiben. Und dafür möchte ich Ihnen danken.

Als Ihre großen Romane erschienen, da wogte alsbald der Streit über den Inhalt Ihrer Bücher hin und wider. Aber eines war auch Ihren Widersachern, zumindest den gescheiteren, von Anfang an klar: Mit Ihnen war ein neuer eigener Klang in die deutsche Literatur gekommen. Daß sie von einem wahrhaften Meister unserer Sprache stammte, gerade das machte ja die Kritik so schmerzhaft. Über diese Bücher konnte man nicht mit einem Achselzucken hinweggehen. Denn sie steckten voller Schönheit.

Natürlich habe ich mir in diesen letzten Tagen wieder Texte von Wolfgang Koeppen vorgenommen. Ich las «Morgenrot» und «Jugend». Da traf ich wieder, auf jeder Seite, auf Stellen wie diese:

«Wer zur Arbeit geht, hat den Tod überwunden. Tag für Tag, fünfzig Jahre lang. Er wehrt sich nicht mehr. Er haßt still vor sich hin. Wenn er Glück hatte, kam ein Krieg. Ich stand am Fenster. Ich war wach. Ich hatte nicht geschlafen. Ich bin immer früh aufgestanden. Ich kam immer zu früh. Wie hätte ich schlafen können? Die Schule fing im Winter um sieben Uhr an, im Sommer um sechs. Das war in Preußen. Es ist lange her.»

Das steht da in langen Absätzen, die zu Recht als Höhepunkt moderner deutscher Prosa gelten. Aber könnte man diese Zeilen nicht ebenso untereinander schreiben und als Gedicht lesen? Ist das nun Prosa – oder ist das Lyrik? Ich kann und will diese Frage nicht entscheiden. Es ist der einzigartige, der völlig unverkennbare Ton von Wolfgang Koeppen. Aber das eine möchte ich doch sagen: Daß mir beim Lesen seiner Bücher ganz von selbst ein Wort in den Sinn kommt, das andere moderne Autoren, nicht ohne Grund, überlegen lächelnd ablehnen, das Wort «Dichtung» nämlich. Ich erhebe mein Glas auf Wolfgang Koeppen, den großen deutschen Dichter.

GÄSTELISTE
JOSEPH KARDINAL HÖFFNER

Friedrich Kardinal Wetter,
Erzbischof von München
und Freising

Hermann Kardinal Volk,
Mainz

Prof. Dr. Karl Lehmann,
Bischof von Mainz

Dr. Franz Hengsbach,
Bischof von Essen

Dr. Reinhard Lettmann,
Bischof von Münster

Dr. Josef Homeyer,
Bischof von Hildesheim

Franciszek Kardinal
Macharski, Erzbischof
von Krakau

Jean-Marie Kardinal
Lustiger, Erzbischof
von Paris

Franz Kardinal König,
Alt-Erzbischof
von Wien

S. E. der Apostolische
Nuntius, Erzbischof
Dr. Joseph Uhač

Prof. Dr. Joseph Pieper,
Münster

Prof. Dr. Walter Kasper,
Tübingen

Prof. Dr. Bernhard
Kötting, Münster

Prof. Dr. Ernst Dassmann,
Bonn

Prof. Dr. Heinrich Fries,
München

Prof. Dr. Hans Maier,
Präs. d. Zentralkomitees
der dt. Katholiken

Bundestagspräsidentin
Prof. Dr. Rita Süssmuth

Dr. h. c. Georg Leber

Prof. P. Dr. Anton
Rauscher SJ., Augsburg

Sr. Waltraud Herbstrith,
Tübingen

Prof. Dr. Paul Mikat

Prälat Dr. Georg Hüssler,
Freiburg

Prälat Wilhelm Schätzler,
Bonn

Prälat Paul Bocklet, Bonn

Bischof Dr. Martin Kruse,
Ratsvorsitzender der
EKD, Berlin

Bischof Dr. Eduard Lohse,
Bischof von Hannover

Präses D. Gerhard Brandt,
Düsseldorf

Präses i. R. Hans Thimme,
Bielefeld

Professor Dr. Wilhelm
Schneemelcher

Alexander Ginsburg,
  Generalsekretär des
  Zentralrats der Juden
Metropolit Augoustinos
  Labardakis
Maria Höffner, Köln
Prälat Norbert Feldhoff,
  Köln

Thomas Kielinger,
  Rheinischer Merkur,
  Christ und Welt
Bundeskanzler
  Dr. Helmut Kohl
Domvikar Monsignore
  Manfred Melzer
Helmut Heigert,
  Süddeutsche Zeitung

Verehrte Gäste,
es ist ein ganz ungewöhnlicher Kreis, der sich hier
versammelt hat, und der Inland und Ausland, Kirche
und Staat und die Ökumene der Christenheit umschließt. Jeder ist einer besondern Begrüßung würdig. Doch mögen mir die anderen Gäste erlauben,
daß ich meiner herzlichen Freude vor allem über den
Besuch der Herren Kardinäle aus Krakau, Wien und
Paris Ausdruck gebe.

Die Ehre, die Sie mir durch die Annahme meiner
Einladung erweisen, diese Ehre gilt Ihnen, verehrter
Herr Kardinal Höffner. Wir freuen uns mit Ihnen
heute, vier Wochen nach Ihrem 80. Geburtstag, aus
diesem Anlaß noch einmal zusammen sein zu können. Ihre Familie und engere Heimat, Ihre wissenschaftlichen Kollegen und Studenten, Ihre Diözese,
Ihre Bischofskonferenz und die ganze katholische
Weltkirche haben mit Ihnen schon eindrucksvoll und
gebührend gefeiert.

Sie stammen aus einer großen Familie. Ihre Herkunft
hat Sie unverwechselbar geprägt und gestärkt. Sie
wurden ein ebenso leidenschaftlicher wie hochange-
sehener Wissenschaftler. Wer weiß, vielleicht hat Ihre
Zeit als Forscher und Lehrer in Münster zu den
schönsten in Ihrem Leben für Sie gezählt.

Sie wurden in das traditionsreiche Bischofsamt nach
Münster berufen und übernahmen dann mit Köln eine der größten und bedeutendsten Diözesen der katholischen Christenheit. Mit Ihrer allseits spürbaren
Autorität leiten Sie schon länger als ein Jahrzehnt die
Deutsche Bischofskonferenz. Durch Ihren Dienst in
der ganzen katholischen Kirche haben Sie sich Ansehen und Gewicht in der weiten Welt erworben.

Mit der Zurückhaltung, die der Politik in Angelegen-
heiten der Kirchen ziemt, kommen wir heute mit unserer Einladung an Sie in ein Haus des Staates nach.
Es gibt von seiten des Staates reichen Grund zu
Dankbarkeit und Glückwunsch an Sie. Ihr Einfluß
auf die sittlich-ethischen Grundlagen unseres Ge-
meinwesens ist eminent. Als Wirtschafts- und Sozial-
wissenschaftler, als führender Vertreter der christlichen Soziallehre haben Sie immer wieder das politische Gewissen geschärft und auf die Achtung der
Menschenwürde hingewirkt. Unermüdlich treten Sie
für den Schutz des Lebens ein und warnen vor einer
bagatellisierenden, hedonistischen Oberflächlichkeit
im Umgang mit den Erschütterungen der Zeit und
des sozialen Zusammenlebens. Sie haben in der Auseinandersetzung über Grundwerte und Menschenbild
Stellung bezogen, die Gedankengänge vertieft und
die Ihnen zentral wichtigen normativen Vorgaben
eindrucksvoll vertreten.

Unüberhörbar erheben Sie die Stimme der Kirche,
um dem Frieden und der Versöhnung zu dienen. Im
Inneren wirken Sie auf einen offenen und menschlichen Umgang mit den Ausländern hin. In der internationalen Politik stärken Sie die Sache der Verständi-

gung, der Rüstungsverminderung und der Entspannung. Vor wenigen Wochen erst haben Sie wieder eine hochbedeutsame Reise nach Lateinamerika unternommen, den dortigen Kirchen ein persönliches Zeichen der Solidarität gegeben und auch uns zu Hause überzeugend vor Augen geführt, wieviel wir noch immer täglich im Fühlen, Denken und Handeln versäumen, um unseren notwendigen Beitrag für soziale Gerechtigkeit in der Welt zu leisten.

In wenigen Monaten wird Papst Johannes Paul II. wiederum die Bundesrepublik Deutschland zu einem Pastoralbesuch aufsuchen. Wir alle freuen uns herzlich auf diesen Besuch. Sie, Herr Kardinal, haben kürzlich bei einem Empfang zu Ehren des ebenfalls hier anwesenden Präses Brandt gesagt, nie in den vergangenen Jahrhunderten seien katholische und evangelische Kirche in Deutschland sich näher gewesen als eben jetzt. Es gilt, diese Entwicklung hoffnungsvoll zu vertiefen. Wir sind unterwegs.

Über den Kreis der persönlich Beteiligten hinaus hat der vom Papst einberufene Weltgebetstag für den Frieden im Herbst 1986 in Assisi Wirkungen ausgelöst, die weiterführen können und müssen. Von meinem Bruder, der als Gast an diesem Treffen teilgenommen hat, aber auch von anderen Teilnehmern habe ich gehört, daß dieses Wagnis tiefe Eindrücke hinterlassen hat, die nicht ohne Folgen bleiben werden.

Auch Sie, Herr Kardinal, sind an diesen Entwicklungen mit Verständnis und Weisheit beteiligt. Sie folgen den Aufgaben Ihres Amtes und Dienstes mit bewundernswerter Arbeitskraft, mit unnachahmlicher

Lebendigkeit und mit schnörkelloser Klarheit. Sie scheuen nicht das eindeutige, unmißverständliche Wort. Sie entziehen sich nicht den damit verbundenen Strapazen und ganz gewiß auch nicht den Konflikten, die sich oft als unvermeidliche Folge einstellen. Sie tun es unerschrocken, gradlinig und mit innerer Gelassenheit.

Sie stammen aus dem Westerwald, Sie sind in der Welt zu Hause. Sie haben aber, Herr Kardinal, auch prägende Jahre Ihres Lebens an der Mosel verbracht, der das Abendland einen seiner größten Kirchenmänner und Gelehrten verdankt: Nikolaus Cusanus. Seine Arbeiten bezeugen, daß er sich immer wieder der Grenzen des menschlichen Wissens bewußt war. Er erkannte die Einsicht in die Unwissenheit als Voraussetzung für das Wissen selbst.

Schon Sokrates galt ja aus ähnlichen Gründen gemäß dem Spruch des Orakels aus Delphi als der Weiseste seiner Zeit. Er wollte es zunächst nicht glauben und machte deshalb eine Erkundungsreise. Dabei ermittelte er bei seinen Gesprächen mit Handwerkern, Dichtern und Politikern, warum das Orakel so gesprochen habe: Keiner von ihnen allen – auch er nicht – wisse, was das Gute und Rechte sei; aber die anderen glaubten dennoch, es zu wissen – vor allem, lieber Herr Bundeskanzler, die Vertreter unseres gemeinsamen Berufsstandes, die Politiker. Und darin unterschied sich der Weise von ihnen, von uns.

Cusanus hat seine Mitmenschen solchen Prüfungen wohl nicht ausgesetzt und sich insoweit weniger unbeliebt gemacht. In seiner großen Schrift «De docta ignorantia» erkennen wir die Tiefe seiner Weisheit.

Sie handelt nicht von einem leeren Nichtwissen, dem seine Unwissenheit verborgen bliebe. Man findet keine Gleichgültigkeit, keine Resignation angesichts dessen, was der Weise nicht wissen kann. Es ist vielmehr das wissende Nichtwissen, das sich denkend entfaltet und erfüllt. Es ist das Denken, das zu Gott hinleitet, und mit dem Cusanus die Menschheit aufruft, sich in ihren Unterschieden zur Eintracht der Religionen und zu Gott führen zu lassen.

Ich erwähne dies nur, weil ich mir erlauben möchte, Ihnen ein von der Bibliothek in Wolfenbüttel hergerichtetes und gebundenes Abbild dieser Schrift, deren Inhalt mich tief berührt, zu übergeben. Die Gabe ist ein Symbol des Respektes und des Dankes, die Ihnen gelten, einem Mann der Kirche und einem Denker, dessen Mut, dessen Kraft und Klarheit nie die Demut des Menschen verdrängt. Ich tue es mit meinen herzlichen Glück- und Segenswünschen.

GÄSTELISTE
ALBRECHT GOES

Frau Goes
Dr. Christin Waldenfels
Tanja Dedekind
Professor Dr.
   Eckhard Keßler
Monika Schoeller
Christiane Schoeller,
   Israel

Hellmut J. Freund
Egbert Hans Müller
Dr. Rudolf Hirsch
Frau Hirsch
Dr. Marcus Bierich
Dr. Hans-Rüdiger Schwab
Wolfgang Ignée,
   Stuttgarter Zeitung

Das Datum Ihres achtzigsten Geburtstages, verehrter Herr Goes, liegt schon einige Tage zurück. Feiern haben ihre Zeit. Dagegen möchte ich nicht verstoßen. Deshalb will ich auch keine formelle Geburtstagsrede halten, sondern nur Dank sagen.

Der Dank gilt zuerst der ganzen Familie Goes, die zu unserer lebhaften Freude hier mit drei Generationen vertreten ist. Es mag sein, daß Familien gelegentlich so ihre Exponenten haben. Aber was sind diese ohne ihre Familien? Wie soll man die Exponenten verstehen, wenn man ihre Familien und Freunde nicht kennt? Es ist also die größte Freude für meine Frau und mich, daß Sie unserer Einladung mit Ihrer Familie und mit Freunden gefolgt sind.

Ihre Gaben, Herr Goes, teile ich ganz gewiß nicht. Den Disticha, die Sie bei Thomas Mann vorgetragen haben, kann ich nichts Gleichwertiges an die Seite stellen. Denke ich aber über die Gründe meiner Dankbarkeit für Sie nach, so entdecke ich bei Ihnen vieles, das mir vertraut ist.

Sie sind im Hohenlohischen geboren. Dort stammt auch meine Familie her.

Bei Ihnen gibt es eine spezifische Verbindung des Schwaben mit Berlin. Dies sind auch die beiden Einzugsgebiete, die mich geprägt haben.

Öfters zeigt sich bei Ihnen der Einfluß, der vom sozialpolitischen Engagement Ihrer Mutter ausging. In Gedanken an meine Mutter kann ich aus meiner frühen Jugend Ähnliches berichten. Sie arbeitete damals, am Ende der zwanziger und am Beginn der dreißiger Jahre, in Berlin-Neukölln, um alleinerziehenden Müttern mit unehelichen Kindern zu helfen. Dabei nahm sie mich, den ungefähr zehnjährigen Buben, gelegentlich mit. Die Eindrücke dieser Reisen von Wilmersdorf nach Neukölln habe ich nie vergessen.

Wie Sie über Ihren Umgang mit der Musik berichten, was Sie über das Hören von Gedichten sagen, wie Sie das Lesen von Stücken mit verteilten Rollen beschreiben, in alledem lassen sich eigene Erlebnisse oder Sehnsüchte wiedererkennen.

Mit der Atmosphäre, in der ich aufgewachsen bin und erzogen wurde, stimmt es überein, wenn ich in Ihren Texten die eigene tiefe Lebensverwurzelung gepaart mit dem Bedürfnis finde, «von großen und wichtigen Dingen nur sehr sparsam zu sprechen». Das tut der Seele wohl.

Mein Dank gilt Ihrem wachen Auge, mit dem Sie die großen und wichtigen Dinge dieses Jahrhunderts erlebt und dem eigenen Gewissen überantwortet haben. Wer Ihre Schriften, Aufzeichnungen und Erzählungen liest, begegnet einer Beschäftigung mit der Zeitgeschichte, einer erlebten Zeitgeschichte, die eine Sache der genauen Information, des deutlichen Hinsehens, des Verarbeitens, des Gewissens ist. Historisches Gewissen ist von gegenwärtigem Gewissen nicht zu trennen. Gewissen ist immer gegenwärtig, nicht zuletzt dann, wenn es sich mit Historie befaßt.

Kaum etwas hat mich so bewegt wie Ihre Erzählung, die sich in den letzten Kriegswochen in Berlin abgespielt hat und die Sie mir im Dezember 1984 geschickt haben. Nun kommt der Band von Max Krakauer hinzu und berichtet von dem Licht im Dunkel, das Ihre Frau damals gegen Kriegsende gewesen ist.

Als ich im Jahre 1985 einen offiziellen Besuch in Israel zu machen hatte, wollte ich Sie einladen, als Gast mitzureisen. Es wäre eine große Hilfe für uns Deutsche und für mich gewesen.

Dann wollte ich Ihnen jedoch die Strapazen eines Staatsbesuchs nicht zumuten. Aber Sie hätten dabeisein und miterleben sollen, wie der israelische Präsident Herzog 1987 den jüdischen Friedhof in Worms besuchte, den Sie viel früher schon, in den sechziger Jahren, so eindrucksvoll beschrieben haben.

Kurzum: Ihr Leben, Ihr Miterleben, Ihr Gewissen in der Geschichte dieses ganzen Jahrhunderts ist für viele Menschen und auch für mich Maßstab und Hilfe, keine einfache Hilfe – wie sollte es anders sein?

Es gibt tiefe Dankbarkeit Ihnen gegenüber auch noch ganz woanders unter Deutschen. Meine Frau und ich haben «Verwandte» in der Nähe von Dresden. Es handelt sich um eine der vielen brieflich begründeten Verwandtschaften unter Fremden, die zwischen Ost und West in der Nachkriegszeit entstanden sind. Unsere dortigen Freunde wissen nichts davon, daß wir mit Ihnen heute hier zusammen sind. Vor wenigen Tagen aber schickten sie uns einen Artikel, in dem Günther Wirth über Sie am Gründonnerstag berichtet hat. Unsere Freunde bezeichnen die Gedanken an Sie als eine Mitte ihres dortigen Lebens. Zu meinem eigenen Geburtstag erhielt ich eine Karte aus Dresden mit dem Gedicht: «Sieben Leben», das wir Ihnen verdanken.

> «Sieben Leben möcht ich haben
> ... – hab' ein einzig Leben nur.»

Nur? So steht es in Ihrem Gedicht. Darf ich dazu noch ein Wort sagen? Was mich beim neuesten, schönen Band des Fischer-Verlages von Ihnen besonders bewegt, das ist die Nähe von Poesie und Musik, die Sie mit Ihren Gedanken zu Mörike und Mozart vermitteln. Man gewinnt den Eindruck, Sie verfügten über das absolute poetische Gehör, wenn es so etwas gibt. Sie sind der Musikalische unter unseren Poeten.

Ein Dichter, der so fein hören kann, bei dem ist es kein Wunder, daß er das Seine zu sagen versteht.

Fast am schönsten finde ich, was Sie über den vierten Akt des Figaro schreiben. «Man ritzt sich, wo man hingreift» – an Ihren Edelsteinen.

Das, was uns in der Tiefe an diesem vierten Akt berührt, ist ja nach Ihren Worten die Abfolge der Themen und Rollen, also

Barbarina,
die «blinden betörten Männer»,
die Rosen-Arie und die Ohrfeigen von Susanne,
das «Pace, pace» von Figaro,
dazwischen Marzellina und Basilio,
dann der Graf
und schließlich die liebende Verzeihung der Gräfin.

Es ist nach Ihren Worten das «Paradies des Zusammen und Zugleich», «alles nacheinander als ein Ineinander». Es ist also, wie ich Sie verstehe, doch ein einzig Leben nur, denn es sind sieben Leben in einem.
Sie entdecken es uns. Sie haben es mir mit Ihrem Text so gedeutet, mit Ihrem Ernst und Ihrer wahren Heiterkeit, mit Ihrem feinen Ohr, Ihrer Ehrfurcht vor dem Wort und dem Ton, die eine Ehrfurcht vor dem Menschen ist.

Gästeliste
Hans Werner Richter

Antonie Richter
Dr. Hildegard Hamm-
  Brücher, MdB
Dr. Hans-Jochen Vogel,
  MdB
Frau Vogel
Prof. Dr. Reinhold Kreile,
  MdB
Frau Dr. Kreile
Ilse Aichinger
Gabriele Wohmann
Herr Wohmann
Barbara König
Herr Mayer
Ingrid Bachér
Prof. Erben
Dr. Wolfgang Hildesheimer
Frau Hildesheimer
Günter Grass
Frau Grass
Prof. Dr. Joachim Kaiser
Frau Kaiser
Prof. Dr. Walter Jens
Frau Dr. Jens

Prof. Dr. Hans Mayer
Carl Amery
Michael Krüger
Dr. Alexander Kluge
Frau Kluge
Dr. Heinz Friedrich
Frau Friedrich
Prof. Dr. Walter Höllerer
Frau Höllerer-
  von Mangoldt
Peter Härtling
Prof. Dr. Heinz-
  Dietrich Ortlieb
Frau Ortlieb
Inge Aicher-Scholl
Herr Aicher
Peter Bichsel
Milo Dor
Frau Doroslovac
Prof. Dr. Joseph Rovan
Günter Kunert
Frau Kunert
Walter Kolbenhoff
Frau Kolbenhoff

Für uns, für meine Frau und mich, ist dieses Zusammensein ein ganz außergewöhnliches Erlebnis, für uns persönlich, aber auch für das Haus und seine Geschichte. Es ist ein ungewöhnliches Ereignis, daß Sie alle unserer Einladung gefolgt sind und Ihnen, Herr Richter, Ihnen allein ist dies zuzuschreiben. Dafür bin ich Ihnen von Herzen dankbar.

Der Anlaß unseres Zusammenseins ist Ihr 80. Geburtstag. Er liegt zwar schon ein paar Wochen zurück. Nun feiern wir ihn halt am Nikolaustag. An diesem Tag wird überdies in unserer Familie immer gefeiert, denn am 6. Dezember ist unser ältester Sohn zur Welt gekommen.

Die Feier gilt vor allem Ihnen ganz persönlich und damit zuerst und zunächst Ihrem eigenen literarischen Lebenswerk. Es zeugt von der für Sie charakteristischen Klarheit und Wahrhaftigkeit. Unbeirrt und mit eher leisen Tönen erzählen, komponieren und deuten Sie Geschehenes mit nüchterner und mit gewissenhafter Aufrichtigkeit. Gut schreiben zu können ist Ihnen wahrlich gegeben, mehr als den meisten. Aber darüber hinaus wirklich etwas zu sagen zu haben, das zeichnet, glaube ich, Ihr Werk vor allem aus.

Nun sind es aber primär Sie selbst, der Sie mit Ihren weitergehenden hohen Gaben Ihr eigenes schriftstellerisches Werk gelegentlich etwas in den Hintergrund treten lassen – nämlich hinter eine wahrhaft einzigartige Schöpfung unserer Kulturgeschichte, hinter Ihre «Gruppe 47».

Zwanzig Jahre lang hat sie bestanden und gearbeitet. Seit etwa zwanzig Jahren gibt es sie nicht mehr, und doch nimmt sie auch heute und in der unvorhersehbaren Zukunft jeden gefangen, der sich auf sie einläßt. Das jüngste Beispiel dafür ist die Ausstellung in der Akademie der Künste in Berlin.

Es ist ein Freundeskreis, dessen Leben und Arbeit ohnegleichen ist, soweit ich sehe, einerseits für die Literatur selbst und andererseits für unsere kulturelle, soziale und politische Nachkriegsgeschichte.

Ich bin weder Schriftsteller noch Kritiker und habe erst recht kein Amt, über Literatur zu urteilen. Es ist ja bei uns nicht wie in Frankreich, wo man sich erst in der Literatur qualifizieren muß, ehe man für das Amt eines Botschafters oder Präsidenten in Frage kommt.

Bei uns sind Politiker keine Literaten, und es ist die ganz seltene Ausnahme, daß eines ihrer zahlreichen Bücher wirklich die Lektüre lohnt. Wenn sie, die Politiker, einmal bewußt oder unbewußt die Dichter zum Vorbild nehmen, dann – so las ich gerade im Feuilleton einer Zeitung anhand eines Beispiels von Flaubert über eine jüngst erörterte Politikerrede – geraten ihre geistigen Leistungen gerade *wegen* des dichterischen Einflusses in Gefahr. Ich weiß nicht, ob das stimmt, glaube es nicht, fände schade, wenn es so wäre; aber wie dem auch sei: Ich habe hier nichts literarisch zu beurteilen.

Aber ich wüßte buchstäblich nichts, was meine Neugier mehr gereizt hätte, als einmal in der Ecke zu sitzen und mitzuerleben, wie Sie miteinander umgegangen sind. Wie Sie sich zugehört, sich inhaltlich und formal ausgetauscht, im substantiellen und handwerklichen Sinn Ihre Werke besprochen haben; wie Stegreifkritik sich zum langfristigen quasi historisch standhaltenden Urteil verhält; wer sich sehr rasch äußert oder wer erst allmählich aus sich herauskommt; wie es wirkt, wenn man untereinander kritisiert, ohne daß der Kritisierte selbst daran teilnimmt; vor allem natürlich, wie man sich bei der Kritik aufrichtig, also auch nicht schonungsvoll, begegnet, aber eben doch mit dem gewollten und auch erreichten Ergebnis, daß der einzelne unglaublich viel dabei lernt und daß jeder zu seinem Besten gebracht wird; daß man sich zusammen wohl und geborgen fühlt und daß die Literatur einer ganzen Epoche auf diesem Wege wahrhaft erinnerungswürdig wird.

Für den Außenstehenden ist dies ein menschliches, ein geistiges und ein soziales Wunder. Ich meine dies nicht nur im vielleicht banalen, aber in seinen Folgen für alle nicht ganz unwichtigen Vergleich zu meinem eigenen Berufsstand, dem der Politiker: Da lernt man ja auch voneinander, da wird wahrlich untereinander kritisiert, freilich unter deutlicher Teilnahme des Kritisierten selbst. Aber es geschieht zumeist konfrontativ, es erfolgt zumeist nicht, um die gemeinsame Kunst zu fördern, ihr Niveau oder ihren Anspruch zu heben, nicht um den anderen voranzubringen, sondern allzuoft, um ihn zu besiegen, womöglich zu eliminieren.

Die beiden Fälle Politik und Literatur eignen sich, ich weiß es wohl, letzten Endes nicht zum Vergleich. Das muß auch zum Schutz und aus Fairneß gegenüber der Politik gesagt werden. Denn sie hat einen anderen Auftrag.

Aber einer wie ich ist, gerade aus der Tiefe seiner demokratischen Überzeugung heraus, doch keineswegs sicher, ob die tiefere List des Systems letztlich stärker ist als die Unarten seiner Akteure, ob also wir Politiker immer wieder rechtzeitig lernen, unseren Streit so zu begreifen und zu nutzen, daß wir auf diesem Wege besser mit den Problemen des Ganzen fertig werden, oder ob uns diese Probleme letzten Endes primär als willkommene Instrumente zu unserem gegenseitigen Ausschließungskampf dienen. Wenn also einer täglich mit einer solchen Frage lebt, dann mag ihm die sehnsuchtsvolle Neugier verziehen sein, mit der er zu Ihrer Gruppe herüberschaut und hinüberdenkt, auch wenn die Neugier sicher nicht frei von Neid ist.

Es gibt Wirkungen der Gruppe 47, zu denen ich mir erlaube, von meinem Beruf und vielleicht auch von meinem Amt aus noch etwas zu sagen:

Anders als in der Politik, anders als in den meisten Zweigen der Gesellschaft, in den Kirchen, Gewerkschaften und anderwärts, bestand die Gruppe 47 nicht aus großen alten Menschen, oder großen alten, vorübergehend nur außer Kraft gesetzten Ideen und Systemen, sondern es war ein wirklich neuer Anfang. Er knüpfte weder in der Sache noch – erst recht nicht – im Ton dort wieder an, wo er eine halbe Generation zuvor unterbrochen worden war.

Die Gruppe 47 erscheint mir die früheste, die radikalste, in den ersten zwei Jahrzehnten beinahe die einzige Nachkriegsidee, jedenfalls eine der ganz wenigen wirklich neuen Ideen gewesen zu sein, die an gar nichts anknüpfte, was es in der Weimarer Republik schon gegeben hatte.

Ich will nicht sagen, daß gut sein muß, was neu ist. Auch will ich nicht nachzuzeichnen versuchen, was Ihre Gruppe in Beziehung zur damaligen Welt bewegt und wie sie sie behandelt hat, also etwa, welches für Sie die Konsequenzen waren, die aus der unsagbaren Erfahrung mit der Nazizeit – und mit sich selbst in ihr – folgten oder welches Ihre Gedanken darüber waren, was in den nun angebrochenen Jahren des Friedens geschah, wie man sie nutzte und was man verfehlte.

Die Signale, die von Ihnen ausgingen, sind nicht leicht zu kennzeichnen, aber sie wirkten tief. Vielleicht waren es gerade diese Wirkungen, die am Ende für die Gruppe intern nicht leicht zu ertragen waren, die in ihren Konsequenzen mit dazu geführt haben mögen, daß die Gruppe mit Ihrem «Auf Wiedersehen in Prag», Herr Richter, aufzuhören schien. Ich meine freilich, «aufhören» kann man nicht sagen. Die Engländer nennen das «standing adjourned». Einen deutschen Ausdruck dafür weiß ich nicht.

Die Wirkung ist geblieben; nicht zuletzt, sondern zuallererst in der Literatur selbst. Die Gruppe hat ein literarisches Klima bei uns geschaffen, wie es ganz und gar außergewöhnlich und in seinen Folgen nachhaltig ist. Sie hat die Qualität der Literatur entscheidend mitgeprägt, die Aufmerksamkeit für und die Diskussion über Literatur verändert. Sie hat die Literaturkritik nicht nur für Sie untereinander, sondern, zum lebhaftesten Interesse und Gewinn für uns alle, erst richtig hervorgebracht. Sie hat nicht nur etwas geschaffen, in ihrer Existenz als Gruppe, das es wohl nirgendwo anders gab auf der Welt, sondern sie hat unserer Dichtung und Schriftstellerei, unserer Kultur im Weltvergleich Namen und Rang verschafft.

Immer wieder stoße ich darauf, wo immer ich in der Welt bin. Das ist eine Freude, und ich bin dafür dankbar. Es gibt eine deutsche Nachkriegsliteratur von Gewicht, von künstlerischem und gewissenhaftem großen Ansehen, nicht zuletzt, sondern zuerst dank Ihnen, Herr Richter. Das ist ein Geheimnis für den Außenstehenden. Sie alle, meine Damen und Herren, haben es erlebt, haben dazu beigetragen und können es schildern – ich nicht.

Erlauben Sie mir daher zum Schluß einen, wenn Sie so wollen, eher abstrakten Gedanken dazu aufzugreifen. Wir leben in einer Gesellschaft, die der Freiheit verpflichtet ist. Freiheit ist aber nicht erschöpft und erfüllt sich nicht allein in einer Ethik von Mehrheit und Minderheit, von Toleranz und politisch-sozialer Verkehrsregelung. Freiheit ist auf Wahrheit bezogen, und Wahrheit ist auf Freiheit angewiesen.

Das ist nach meinem Verständnis keine Abkehr von der Aufklärung, sondern liegt in ihrer eigenen Konsequenz. Es ist die Naturwissenschaft selbst, die uns belehrt: Die Dinge sind nicht an sich. Sie sind, wie wir sie sehen. Wir eignen uns die Gegenstände an, indem wir sie darstellen. Das ist das untrennbare Subjekt-Objekt-Verhältnis der modernen Physik. Nur der Physik? Das glaube ich nicht. Die Wahrheit ist nicht ein Objekt, das es nur zu enthüllen gilt. Sie ist ein Prozeß, sie ist ein personaler Prozeß.

Vielleicht ist es erlaubt, jedenfalls für den Laien, sich Hans Werner Richter in der Gruppe 47 als den Träger, als das Herzstück dieses personalen Prozesses vorzustellen. Dazu gehört seine menschliche Autorität, seine Freundschaftsgabe, aber vor allem auch sein eigenes tief wahrhaftiges Verhältnis zur Sache und seine Suche nach der Sache selbst.

Herr Richter, unser Land, unsere Kultur kennt Ihresgleichen sonst nicht. Ich trinke auf Ihr Wohl in hoher Achtung und Dankbarkeit.

AUS DER LAUDATIO VON GÜNTER GRASS AUF HANS WERNER RICHTER

Lieber Hans Werner, liebe Toni,
zuerst einmal die Überraschung für mich: Ich habe unseren Kreis noch nie so schnieke gekleidet gesehen. Der Eindruck ist ein außergewöhnlicher und vielen unter uns würgt am Hals die Krawatte und die Neigung, sich ihr zu befreien.
Jetzt stehe ich vor der Frage: wie danken?
Ich kenne die Gruppe genug, um nicht im Namen aller sprechen zu können. Was einem bleibt: das eigene Ich. Ich will es dennoch abwechselnd tun – mal aus dem Wir, mal aus dem Ich heraus.
Wenn ich mit dem Ich beginne, so glaube ich, einige meiner Generationsfreunde mit hineinnehmen zu können. 1945 war ich 17 Jahre alt, ein ausgemachter Dummkopf: dumm gehalten, borniert, uneinsichtig,

verschreckt, mit diffusen Zielen. Mit 15 hörte die Schule auf, und das ging eine ganze Zeit lang noch so, bis in die unmittelbare Nachkriegszeit. Im Rückblick stelle ich jetzt fest, daß meine Schule sich erst unter Hans Werner Richters Fuchtel fortgesetzt hat. Ich habe von ihm – und ich glaube, es ging einigen meiner Generationsgenossen vergleichbar – neuerliche Lektionen erfahren: nachdrückliche, geschickt beigebrachte, so wie nur er es konnte. Die Lektion zuzuhören und anderes zu ertragen, diese direkt ausgeübte Toleranz, die zur Grundlage der «Gruppe 47» gehörte. Die Vielzahl der Stile, die Sicht des Verschiedenen und des sich Ausschließenden, die Sicht literarischen Geschehens und literarischen Verständnisses – das war nur unter seiner toleranten Fuchtel möglich. Er, der aufgeklärte Despot, an der Spitze dieses verrückten Vereins, war doch der Tolerante – auch das ist ein Widerspruch in der Sache.

20 Jahre, Sie sagten es, Herr Bundespräsident, gibt es diese ungewöhnliche Erscheinung nicht mehr. Sie haben etwas herausgestellt, was wir als Teilnehmer an diesen Tagungen von uns nie hätten sagen können, nämlich, wir seien quasi in der entstehenden Bundesrepublik das einzig Neue gewesen. Das kann nur, mit genauem Hinsehen, ein Politiker sagen. Wenn wir es gesagt hätten, man hätte uns das als Anmaßung um die Ohren geschlagen. Aber es ist wahrscheinlich so, wie Sie es festgestellt haben.

Das liegt auch daran, daß Hans Werner Richter das Kunststück gelungen ist, uns zusammenzuhalten. Vielleicht auch deswegen, weil wir kein Statut hatten, keine Geschäftsordnung und erst recht keine Geschäftsordnungsdebatten, keine festen Mitglieder. Es lag bei ihm, wer da war, wer nicht da war und wie die Sache ihren Verlauf nahm. Das einzige, was noch das Geschehen einer solchen Tagung mitbestimmen konnte, war die Qualität der Texte. Er wußte sie wohl einzuschätzen, auch die Reihenfolge der Lesenden zu bestimmen und von sich aus zu befinden, ob ein Preis vergeben wird oder nicht.

All das ist nun, wir wissen es und wir haben es mehrmals gehört, seit 20 Jahren vorbei. Uns erstaunt nur noch, daß es einen solchen Nachhall hat, daß sich junge Menschen dafür interessieren. Bei jüngeren Kollegen, wenn man sich umhört, merkt man, wie ihnen diese Versammlung einmal im Jahr fehlt, die Möglichkeit, in einem Kreis von besten Freunden *und* Feinden sich kennenzulernen und mit ihnen zusammenzuleben, um zu diskutieren und zu streiten.

Ich danke Ihnen, Herr Bundespräsident, daß Sie sich und uns geehrt haben, indem Sie Hans Werner Richter zu sich geladen haben.

Dr. Brigitte Seebacher-
  Brandt
Bundespräsident a. D.
  Walter Scheel
Bundeskanzler
  Dr. Helmut Kohl
BM Hans-Dietrich Genscher
Dr. Hans-Jochen Vogel,
  MdB
Ministerpräsident
  Johannes Rau
Ministerpräsident
  Oskar Lafontaine
Egon Bahr, MdB
Dr. Peter Glotz, MdB
Ministerpräsident a. D.
  Holger Börner
Ministerpräsident
  Björn Engholm
BM a. D. Georg Leber
Bundestagspräsident a. D.
  Dr. Rainer Barzel
BM a. D. Hans Katzer
Bischof i. R.
  D. Kurt Scharf
Ernst Breit, DGB
Bundeskanzler a. D.
  Dr. Bruno Kreisky,
  Österreich
Ministerpräsident Ingvar
  Carlsson, Schweden

Außenminister Kalevi
  Sorsa, Finnland
Herr Karel van Miert
  Mitglied der
  EG-Kommission
  Brüssel
Präsident François Maurice
  Mitterrand, Frankreich
Shimon Peres
  Stv. Ministerpräsident
  und Finanzminister des
  Staates Israel und
  Vors. der Israelischen
  Arbeiterpartei
Herr Shridath Ramphal
  Generalsekretär des
  Commonwealth-
  Sekretariats
Botschafter Layachi Yaker,
  Paris
Reverend Dr. Allan Boesak
  Präsident des
  Reformierten
  Weltbundes, Pretoria
Prof. Dr. Shepard Stone
Dr. Valentin M. Falin
  Leiter der ZK-Abtlg. für
  internationale Fragen
Bundeskanzler Dr. Franz
  Vranitzky, Österreich
Dr. Basil Mathiopoulos

Präsident Carlos Andrés
Pérez, Venezuela
Ministerpräsidentin
Gró Harlem Brundtland,
Norwegen
Dr. Mieczyslaw Rakowski,
Vorsitzender des
Ministerrates der
Volksrepublik Polen
Dr. Mário Alberto Nobre
Lopes Soares,
Staatspräsident
von Portugal
Jacques Delors, Präsident
der Kommission
der Europäischen
Gemeinschaften

Klaus Bresser, ZDF
Dr. Gunter Hofmann,
Die Zeit
Jürgen Leinemann,
Der Spiegel
Martin Süskind,
Süddeutsche Zeitung
Peter Philipps, Die Welt
Dr. Günther
Nonnenmacher, FAZ
Fritz Pleitgen, WDR
Detlef Rudel, AP
Daniel Vernet, Le Monde
Werner Holzer, Frankfurter
Rundschau

Unser heutiges Beisammensein ist ein ganz außergewöhnliches Ereignis für dieses Haus. Aus Ost und
West und Nord und Süd haben sich Persönlichkeiten
eingefunden, die höchste politische Verantwortung
tragen. Sie sind hier, um gemeinsam mit uns Deutschen einen der unsrigen, Willy Brandt, aus Anlaß
seines fünfundsiebzigsten Geburtstages zu feiern.
Zuallererst heiße ich im Namen meiner Landsleute
unsere ausländischen Gäste herzlich willkommen, die
Staatsoberhäupter, die Regierungschefs und die anderen verantwortlichen Persönlichkeiten. Ich danke
Ihnen, daß Sie die Einladung angenommen haben.
Hierin schließe ich Jiri Hajek ein, der kommen wollte
aber nicht durfte. Sie haben zum Teil weite Wege zurückgelegt, um Ihren Glückwunsch und Respekt für
Willy Brandt zu bezeugen.
Sie ehren damit ihn, und Sie ehren unser Land. Sie
bekräftigen durch Ihre Teilnahme die außerordentli-
che Bedeutung, die auch für Ihre Völker mit dem Wesen und Wirken dieses Mannes verbunden ist. Sein
illusionsfreier fester Friedenswille, sein Mut und seine
Humanität haben ihn zu einer der großen Leitfiguren
in der Welt nach dem Zweiten Weltkrieg gemacht.
«Links und frei», so nannten Sie, lieber Herr Brandt,
Ihr wohl persönlichstes Buch. Das ist ein aufrichtiges
und glaubwürdiges Bekenntnis. Aber das hat Sie nie

daran gehindert, offen zu sein für neue politische, soziale und geistige Bewegungen, allen ideologischen Abgrenzungen zu mißtrauen, die Menschen zusammenzuführen.

In diesem Sinne danke ich Ihnen für die hier versammelte Runde Ihrer und unserer Freunde. Es ist das ganz persönliche Verdienst Ihres Lebens und Wesens, das uns heute in diesem Kreis aus allen Himmelsrichtungen, politischen Systemen und Parteien vereint. Ihnen zu Ehren gedacht, ist dies ein großer Tag für uns.

Geburtstagspolitik hat einer diese Zusammenkunft genannt. Er mag es tun, wenn er es recht versteht: Wir wollen die Stimme von Willy Brandt ernst nehmen; deshalb fließen die Feier für sein Werk und verantwortliche Gedanken für die Zukunft ganz von selbst ineinander.

Es ist nicht mein Lebensweg, der mich besonders legitimierte, über den Ihrigen zu sprechen. Unter meinen Gästen sind viele alte Gefährten von Ihnen, die dazu ein besseres Recht hätten. Es ist aber die Sache meines Amtes und meines Herzens auszudrücken, warum Ihnen unser Volk Dank und hohe Achtung schuldet. Ganz jung hatten Sie sich politisch engagiert. So mußten Sie bereits im Anfang der nationalsozialistischen Herrschaft aus Deutschland fliehen, um der Verfolgung zu entgehen.

Diesem harten Los stand die gute und inspirierende Atmosphäre der skandinavischen Demokratie gegenüber, die Sie aufnahm. Es ist immer wieder ein Gewinn, sich mit der drängenden Suche der Skandinavier nach einem freien, menschenwürdigen, gerechten, die Minderheiten schützenden Zusammenleben zu beschäftigen. Kritik, Ernüchterung und Rückschläge bleiben dabei nicht aus. Dennoch wird mit stets neuer Phantasie, mit Wagemut und Vernunft um Reformen gerungen, um einem wahrhaft solidarischen Gemeinwesen näherzukommen. Was ihnen vor Augen steht, ist keine abstrakte Geschichtskonstruktion, sondern ein humanes Bild vom Menschen.

Man glaubt zu spüren, wie stark solche skandinavischen Impulse bei Willy Brandt wirksam geblieben sind. Seine unvergessene erste Regierungserklärung als Bundeskanzler im Herbst 1969 zeugt davon.

Sie war getragen von einer beinahe jugendbewegten Aufbruchstimmung. Ihr Anspruch war gewaltig. Nicht weniger heftig war begreiflicherweise der Streit, den sie auslöste. Denn welche demokratische Opposition, die gerade zwanzig Regierungsjahre hinter sich hatte, ließe sich widerspruchslos bieten, daß es jetzt erst richtig losginge mit der Demokratie?

Aber geschadet hat es doch noch nie, darum zu ringen, wie wir «mehr Demokratie wagen» können. Es wurde eine belebende und fruchtbare Auseinandersetzung für die ganze Gesellschaft, und unser Gemeinwesen hat sich dabei durchaus bewährt.

Die Außenpolitik wurde der Schwerpunkt der Tätigkeit von Willy Brandt. Seine Erfahrung, seine Leidenschaft und sein Gewissen wiesen ihm diesen Weg. Hier hat er seine große Aufgabe gefunden und erfüllt. Hier ist sein Lebensweg zu einem historischen Leben geworden.

Als einer der wenigen, die nicht nur jugendliche Kraft und Integrität besaßen, sondern auch schon welterfahren und weltläufig waren, ging er alsbald nach dem Krieg in Berlin an die Arbeit. Es ist die Stadt, die durch alle Krisen hindurch und in die Zukunft hinein die Kraft der Freiheit mit dem Willen zum Frieden beispielhaft verknüpft. Ein Jahrzehnt war Willy Brandt ihr Bürgermeister. In der Mitte seiner Amtszeit lag der Mauerbau. Damals reiften in ihm die ersten Konturen der Ostpolitik, die sich inzwischen untrennbar mit seinem Namen verbunden hat.

Es ging Ihnen um die Erkenntnis, daß uns Deutschen niemand die Verantwortung abnehmen kann, uns auch im Osten um unsere Interessen stärker selbst zu kümmern. Aus Ihrer Einsicht in die Realitäten forderten Sie, daß wir uns von Positionen befreien sollen, die Sie als Fesseln empfanden. Der Streit darüber war im ganzen Volk leidenschaftlich und schmerzhaft. Er mußte es sein, alles andere wäre im Angesicht der tiefen menschlichen und geschichtlichen Wurzeln der Sache nicht ehrlich gewesen.

Am Ende war die Auseinandersetzung dem ernsten Gegenstande würdig und heilsam. Der Aussöhnung mit dem Westen, die Konrad Adenauer zustande gebracht hatte, stellten Sie die Verständigung mit dem Osten an die Seite.

Das Neue war keine Ablösung des Alten. Ganz im Gegenteil: Es war die feste Verankerung im Westen, die Ihnen die Möglichkeit zur neuen Ostpolitik gab und die Sie nutzten. Aus den beiden Teilen ist ein zusammengehörendes Ganzes geworden, das seither nicht mehr ernsthaft umstritten ist – ein kostbares Allgemeingut. Es hat das Gewicht unseres Landes gestärkt und sein Ansehen erhöht. Im unheilvollen Zustand der Teilung hat es den Menschen in Ost und West gedient.

Vor allem die Landsleute im anderen deutschen Staat haben es Ihnen gedankt. Der KSZE-Prozeß baut darauf auf. Er bestimmt unsere heutige Tagesordnung auf dem mühsamen, aber doch nicht mehr ganz unsichtbaren Weg zu einer europäischen Friedensordnung.

Es waren indessen nicht die beharrliche politische Arbeit und die Verträge allein, die Ihren Namen um die Welt gehen ließen. Ihnen wuchs eine persönliche Autorität zu, weil hinter der harten Politik das menschliche Empfinden spürbar war.

Es ist Ihnen nie um Schuld oder Unschuld eines ganzen Volkes gegangen. Schuld ist, wie Unschuld, nicht kollektiv, sondern persönlich. Aber das Ausmaß von Leid und Schuld hatte alles, was Menschen begreifen können, hinter sich gelassen. Übriggeblieben waren ein Verstummen, aber auch eine unermeßliche Verantwortung der späten Aktiven für die Folgen.

In ganz persönlicher Weise nahmen Sie sie auf sich. Wie Sie als unser Kanzler am Eingang zum Warschauer Ghetto Abbitte taten, das war wie das Zeichen eines Fremdlings unter den Mächtigen. Ein tiefes Menschengefühl wurde zum Ausdruck eines Regierenden. Niemand hatte es erwartet. Keiner hat es vergessen. Es hat die Dinge verändert. Es hat den Völkern einen neuen Weg geöffnet.

Macht ist Ihnen zugewachsen, freilich nicht auf die übliche funktionale Weise, sondern eher als einem eigenwilligen und nachdenklichen Einzelgänger.

An absolute Wahrheiten haben Sie nie geglaubt, wohl

aber an die Chance für Andersdenkende und an die produktive Kraft des Zweifels. «Er ist stark genug», so sagten Sie, «versteinertes Unrecht aufzubrechen. Er ist zäh genug, um Niederlagen zu überdauern und Sieger zu ernüchtern.»

Aber Regieren verlangt doch Entscheidungen. Sind dafür nicht einfache Weltbilder vonnöten? Sind abwägende Zweifel und differenziertes Denken nicht Zeichen der Schwäche? Und wird nicht die Öffentlichkeit durch die Vorherrschaft der Schlagzeilen und der 30-Sekunden-Statements im Fernsehen dazu erzogen, so zu denken?

Es ist wahr, daß die Menschen unter solchen Einflüssen stehen. Aber auf die Dauer erkennen sie dank ihrer eigenen Lebenserfahrung die Komplexität der Wirklichkeit. Sie lernen, den extemporierten Patentrezepten und Schwarz-Weiß-Malern zu mißtrauen, den Kraftproben derer, die immer alles schon im Griff haben, der Machtdemonstration der Selbstsicherheit.

Willy Brandt wußte sehr wohl, daß gehandelt werden muß. In seiner Ostpolitik hat er es vom ersten Tage seiner Kanzlerschaft an getan. Aber glatte Fassaden hat er nie vorgetäuscht. Er sprach keine sogenannten Machtworte und spielte nicht den Entscheidungshelden. Nicht selten zögerte er, bevor er zupackte. Und wenn er sich seiner Sache nicht sicher war, was durchaus vorkam, dann verbarg er es nicht. Das ist keine Schwäche, sondern gewissenhafte und aufgeklärte Verantwortung.

Es ist die Bereitschaft, neue Einsichten zu gewinnen, Irrtümer einzusehen und dafür einzustehen, daß wir nur allzuoft keine Lösung wissen. Wie sollte es auch anders sein im Angesicht von tief verwurzelten Feindschaften, von Hunger und Not in der Welt, von der schwer beschädigten Natur und von Entwicklungen der Wissenschaft und Technik, die der Mensch initiiert hat und die sich nun zu verselbständigen drohen?

Was belastet einen nachdenklichen Politiker mehr als die tägliche Frage, wie man gegenüber solchen Fragen seiner Verantwortung gerecht werden kann?

Willy Brandt hat es stets so empfunden: die Menschen haben es ihm angespürt und ihm deshalb geglaubt, vor allem die Jugend. Sie tun es um so mehr, als er sich nie durch Probleme hat entmutigen lassen, sondern sie als Ansporn für seine Visionen von mehr Humanität und Frieden und als Motor für die Veränderungen im Alltag verstanden hat. So hat er es als Außenminister und Kanzler, als Vorsitzender seiner Partei, der Sozialistischen Internationale und der Nord-Süd-Kommission gehalten.

Er empfindet Mitleidenschaft und bringt sie uns nahe. Ganz persönlich stand er vielen Menschen in schweren Stunden zur Seite. Vielen, die unter Zwang lebten, verhalf er ohne laute Proklamationen zu Freiheit, Recht und neuen gerechteren Lebenschancen. Mehr als einer der heute hier anwesenden Gäste hat es am eigenen Leibe erfahren und ist ihm dafür dankbar.

Ihre Lebensgeschichte, Herr Brandt, ist ein deutsches Schicksal dieses Jahrhunderts, in seinen Kriegen und im Frieden, zu Hause und in der Fremde, unter Zwang und in der Freiheit. Zugleich ist es Ihr ganz ei-

46

genes Schicksal, ein Leben voller Risiken der Existenz, geprägt von gutem Gelingen, harten Rückschlägen und neuen Ufern. Sie waren schmähenden Angriffen ausgesetzt, und eine Elefantenhaut haben Sie nicht. Aber Sie haben eher leise reagiert, im Herzen souverän.

Voller Neugier sind Sie lebenslang unterwegs, zum geistigen Wandel bereit. Den jungen kritischen Generationen sind Sie stets zugehörig – aktiv in Ihrer eigenen Jugend, später als ihr ihnen zugewandter, aber nun selbst nicht unkritischer Anwalt.

Ihnen ist in der Politik etwas ganz Seltenes gelungen: In Ihrer Person haben Sie die Spannung zwischen Macht und Moral aufgehoben. Es gibt keine politische Verantwortung ohne Macht. Moral ohne Macht löst die Probleme nicht. Sie wird zur Ideologie, sie verurteilt anstatt zu helfen. Macht ohne Moral läuft sich tot, denn sie findet kein Vertrauen. Sie haben Vertrauen gefunden und genutzt.

Bei Ihnen ist das humane Wesen nie verborgen geblieben: von ernstem Willen geprägt und stets zum Lachen bereit; ein geselliger und zugleich gesammelter Zuhörer; geistig konzentriert, aber ohne die Selbstdisziplin zu übertreiben; voller Mitgefühl und Wärme, aber zur Härte fähig; allem Zweifel zum Trotz immer wieder zuversichtlich und kampfbereit; im vorgerückten Alter frisch und mit sich im Reinen.

Wir haben Grund, uns als Deutsche zu freuen, Ihnen zu danken, Sie mit unseren ausländischen Gästen zu feiern und Ihnen zusammen mit Ihrer Frau eine glückliche und erfüllte Zeit zu wünschen.

GÄSTELISTE
GOLO MANN

Dr. Hans Jochen Vogel,
MdB
Prof. Dr. Hans-Martin
Gauger
Frau Gauger
Prof. Dr. Ernst Klett
Prof. Dr. Hartmut
von Hentig
Dr. Winrich Behr
Frau Behr
Prof. Dr. Karl Dietrich
Bracher
Frau Bracher
Dr. Anneliese Poppinga
Dr. Joachim Fest
Frau Fest
Prof. Dr. Arnulf Baring
Frau Baring
I.K.H. Prinzessin von
Hessen und bei Rhein

Prof. Dr. Eberhard Jäckel
Prof. Dr. Herbert
Heckmann
Frau Heckmann
Monika Schoeller
Rudolf Augstein
Frau Augstein
Prof. Dr. Marcel
Reich-Ranicki
Thomas Grundmann
Frau Grundmann
Prof. Dr. Dr.
Helmut Coing
Frau Coing
Harry Matter
Wolfgang Mertz
Alfred Hohl,
Schweizerischer
Botschafter

Zusammen mit meiner Frau möchte ich unsere verehrten Gäste herzlich willkommen heißen und Ihnen
danken, daß Sie gekommen sind.

Sie machen uns eine große Freude damit, daß Sie sich
hier versammeln, um einen Menschen zu ehren, dessen Wesen, Lebensweg und Lebenswerk uns nahe berührt und viel bedeutet. Ob der Kreis unserer Gäste
sich untereinander auch so nahe ist – ich weiß es
nicht. Es kann sein, aber es muß nicht so sein. Golo
Mann selbst hat es ja darauf nicht angelegt, eine
Gruppe bestimmter Menschen zusammenzuführen
oder eine ausgeprägte Richtung zu vertreten, eine
Idee zu propagieren. Er ist kein Prediger einer Lehre
und kein Missionar, und doch wird, wie mir scheint,
der Kreis der Menschen, die er beeindruckt, im Laufe
seines Lebens ständig größer. So sind also auch heute
Menschen um Sie, verehrter Herr Mann, versammelt, nicht weil sie untereinander ein Lager bilden,
sondern weil sie Ihnen in hoher Achtung, Zuneigung
und Dankbarkeit verbunden sind.

Aus Anlaß Ihres 80. Geburtstages gab es eine Fülle
hervorragender sachverständiger Würdigungen und
wahrhaftiger Freundesworte. Man denke nur an das
schöne Wanderbüchlein, aber auch an andere Veröf-
fentlichungen in Zeitungen und Zeitschriften und

Büchern. Sie werden das alles mit der Ihnen eigenen Mischung von Gerechtigkeitsgefühl und Bescheidenheit gelesen haben. Was ich hoffe ist, daß Sie es nicht nur mit der Ihnen eigenen menschenerfahrenen Skepsis aufgenommen haben, sondern auch mit einem offenen Herzen der Freude. Denn nichts anderes ist beabsichtigt, auch heute mittag nicht, als Ihnen die Freude und den Dank dafür nahezubringen, daß Sie und wie Sie unter uns leben und wirken, denken und fühlen, hören und erzählen.

Jeder von uns hat seine eigenen Begegnungen mit Ihnen und Ihrem Werk. Für mein Leben denke ich zunächst an Ihre «Deutsche Geschichte des 19. und 20. Jahrhunderts». Es war für meine Generation, soweit sie den Krieg überlebt und neu angefangen hatte, die erste Begegnung, der erste Überblick über einen ganzen Bogen der Geschichte, der bis in unsere Gegenwart hineinführt. Von Goethe heißt es, er habe gesagt, das beste, was wir von der Geschichte haben, ist der Enthusiasmus, den sie in uns erregt.

Wir haben es uns nicht aussuchen können, 150 Jahre später zu leben. Enthusiasmus ist nicht das Stichwort unseres Geschichtsbildes. Enthusiasmus ist es auch nicht, was Sie uns mit der «Geschichte» nahegebracht haben, aber tiefe Anteilnahme am Schicksal, an den Menschen. Es ist ein bewegendes und herrliches Buch.

Es ist im übrigen ein Buch, mit dem man sich ja auch auseinandersetzen darf. Ich hätte zum Beispiel gerne noch ein bißchen mehr über die preußischen Reformer und auch über Bismarck gelesen, selbst wenn es auf Kosten von Geschichten aus Wien gegangen wäre. Und hat denn wirklich Preußen Deutschland erobert, wie es in dem Buch steht, oder hat nicht vielmehr Bismarck es getan, ohne genügend Rücksicht auf die Folgen für Preußen? Gleichviel: ein wunderbarer Erzähler hat es geschrieben. Man lese es wieder, wie ich empfehlen möchte, nicht zuletzt im Lichte der heutigen Konflikte von Fachgelehrten. Leicht haben es die Historiker vom Fach mit uns, mit dem Publikum, ja oft nicht. Denn bei uns sind es zuweilen nicht die gelehrten wissenschaftlichen Profis, die unsere Herzen öffnen und unser Geschichtsbild prägen. Bei uns sind es mitunter scharfsinnige, zum Überblick befähigte Liebhaberhistoriker oder sensible Poeten.

Sie selbst, Herr Mann, haben Ihre Weise zu schreiben einmal bezeichnet als Poesie, gezähmt durch Forschung. Aber es ist bei Ihnen eine Forschung, die nicht eine Konstruktion oder ein System oder eine tiefere List der Geschichte sucht. Sie selbst haben, wie Sie einmal geschrieben haben, nicht versucht, dem einen Sinn nachträglich zu geben, was selber die Folge von Sinnlosem ist. Es ist eine Forschung, die auf das Schicksal der Menschen hört, was sie erstreben, erleben, welches Leid sie durchmachen und zufügen. Eine Arbeit, bei der Sie nicht entlarven oder verhimmeln. Ist eine solche Forschung, mit der Sie das Menschenschicksal so nah empfinden und uns mit Ihrer großen Gabe des Erzählens so unmittelbar wiedergeben, ist das gezähmte oder ist es nicht wahre Poesie?

Gerade kommen meine Frau und ich aus Spanien zurück. Das Schönste, was wir zur Vorbereitung darauf fanden, waren Ihre Gedanken und Übertragungen von Antonio Machado, dem Lyriker Andalusiens. Es ist seine und es ist Ihre Poesie. Es gibt Dichter, deren Darstellungskunst und Sprachkraft höher sind, als ihre Beziehung zum Leben, als ihre Beziehung zur Substanz; höher als die Kraft ihrer erlebten Gefühle. Auf der anderen Seite gibt es Forscher, deren akribisches Quellenstudium sich zur Zettelkastenliteratur verdichtet oder andere, denen es darum geht, das Leben in die Strukturen ihrer Theoreme einzupassen. Bei Ihnen, so ist es mein Eindruck, hat die Forschung ihre Demut und die Poesie ihre Substanz.

Ich weiß nicht, ob es Ihre Absicht ist, den Menschen mit Ihrem Werk zu helfen. Jedenfalls tun Sie es in unvergleichlicher Weise. Daß Sie mit Ihren Äußerungen nicht primär auf Beifall bedacht sind, das spürt die Öffentlichkeit immer wieder. In unregelmäßigen Abständen melden Sie sich politisch zu Wort, und Sie tun es mit einer entwaffnenden Unabhängigkeit, mit herrlicher Deutlichkeit, schroff zuweilen und unvermittelt. Wer Sie schon als seinen Parteigänger wähnt, der muß sich auf Überraschungen gefaßt machen. Und daß Sie selbst vielleicht gelegentlich erstaunt sind, die merkwürdigsten Leute als Ihre Anhänger sich ausgeben zu sehen, das bekümmert Sie wohl kaum übermäßig. Auf der Suche nach Mehrheiten sind Sie jedenfalls nicht. Wie gut Sie es haben, so könnte man meinen.

Nun glaube ich nicht, daß es für Sie einfach ist. Aber gut ist es jedenfalls für uns alle, daß es so ist. Bei Ihnen quält man sich nicht mit einer Konfrontation zwischen Geist und Macht. Ihr Geist ist human verantwortlich und vor allem gerecht: Eine wahre Macht. Wir können von Glück sagen, daß Sie unter uns leben. Wir sind dankbar und glücklich, daß Sie heute unter uns sind, und wenn Sie, meine Damen und Herren, so freundlich sein wollen, so erheben Sie Ihr Glas zusammen mit mir auf das Wohl von Golo Mann und eine gute Zukunft.

Brief von Golo Mann
an Bundespräsident von Weizsäcker
– Auszug –

Es bedeutet mir viel, jene Rede nun zu besitzen und meinen nicht gar zu vielen Texten dieser Art beizufügen. Mich dünkt, sie ist in ihrer Freiheit, freundlichen Knappheit, Verständnis für die Hindernisse, mit denen Laudandus es zu tun hatte, Lob ohne Übertreibung, Kritik, mit ihr andeutend, daß weit mehr Kritik möglich gewesen wäre, aber notwendig nicht, eine einzige Andeutung genügt, um ahnen zu lassen, daß das «Werk» nichts weniger als aus einem Guß ist – mit alledem also gehört sie zum Glücklichsten, was je über mich gesagt wurde, und ich könnte mich, dem Ende nahe, damit zufriedengeben: groß nicht, aber gering auch nicht und manchmal anregend, sogar hilfreich – und niemandem untertan. Das genügt...

GÄSTELISTE
WOLFGANG WAGNER

Gudrun Wagner
Prof. Norbert Balatsch
Dieter Dorn
Paul Frey
Henning von Gierke
Reiner Goldberg
Judit Gombàr
Iván Markó
Reinhard Heinrich
Walter Huneke
Siegfried Jerusalem
Philip Kang
Prof. Harry Kupfer
Waltraud Meier

William Pell
Peter Schneider
Hans Schavernoch
Gabriele Schnaut
Prof. Dr. Gerd Schönfelder
Hanna Schwarz
Nadine Secunde
Hans Sotin
Prof. Jürgen Rose
John Tomlinson
Ekkehard Wlaschiha
Joachim C. Fest
Rudolf Augstein

Verehrter Herr Wagner,
daß es die Bayreuther nicht öfter an den Rhein zieht,
ist eigentlich unverständlich. Im größten Musikdra-
ma Richard Wagners spielt der Rhein eine Hauptrolle.
Auch wenn man an Lohengrin denkt, liegt der Rhein
gewiß näher als die Isar oder die Elbe.
Nun, heute sind Sie hier. Und Sie haben bedeutende
künstlerische Weggefährten, die zum Teil von weit-
her kommen, mitgebracht. Meine Frau und ich
freuen uns darüber von Herzen und heißen Sie alle
willkommen. Wenn die Politik und die Kunst zusam-
menkommen, dann geschieht das in aller Regel aus
zwei Anlässen: entweder ist ein frohgemuter Anfang
zu begrüßen, oder es gilt, ein erfolgreiches Werk bei
seinem allmählichen Übergang ins Museale zu begleiten. Nun, mit Ihnen ist das ganz anders.
Denn wenn wir uns heute Sie zu ehren hier versammelt haben, so wissen wir, daß von den beiden Mög-
lichkeiten, die ich eben für einen Anlaß genannt habe,
keine Rede sein kann. Wir feiern Ihren 70. Geburtstag, und wenn ich über Ihre Ankündigungen zutref-
fend unterrichtet bin, sind Sie schon weit in Ihr näch-
stes Lebensjahrzehnt mit Arbeit verplant. Bayreuth
und die Festspiele stehen wahrlich nicht am Anfang,
sondern im 12. Jahrzehnt ihres Erfolges. Wer wollte

sich der hohen Aufgabe unterwinden, um ein Wort Rankes aufzugreifen, für diesen Erfolg in irgendeiner Weise eine Patenschaft anzustreben? Und zur anderen Seite: Wie weit doch ist Bayreuth entfernt von der Gefahr, das Musiktheater Richard Wagners in ein Museum mit lebenden Bildern und wirklichen Orchestermusikern zu verwandeln. Von allen heftigen Diskussionen unserer Jahre über die Modernisierung der Opernaufführungen sind oft jene die aufgeregtesten, die seriösesten – in einem Wort: die anregendsten gewesen, die an Regieleistungen im Festspielhaus anknüpften.

Ihr Name, verehrter Herr Wagner, ist uns ein Synonym geworden für eine Festspielpraxis, die sich dem künstlerischen Wagemut verschrieben hat. Es komme, haben Sie einmal gesagt, in Bayreuth nicht darauf an, berühmte Namen zu gewinnen. Man suche vielmehr, begabte junge Künstler zu entwickeln, die in Bayreuth und durch die Festspiele berühmt werden könnten.

Die Grundsätze aber, nach denen und auf die hin junge Künstler sich zu entwickeln die Chance bekommen, ist so beschrieben worden: «Der dramatische Zweck der Aufführungen ist mit vollkommenem und vollendetem Ernst als Bayreuths einzigem Zweck aufgefaßt».

Der das schrieb, war George Bernard Shaw. Und er schrieb es 1898. Das war nun mehr als 20 Jahre vor Ihrer Geburt. 55 Jahre später, 1953, eröffneten Sie mit «Lohengrin» die Reihe Ihrer Bayreuth-Inszenierungen, deren jede das Wort Shaws bestätigte.

Damals waren Sie 34 Jahre alt. Und jetzt, im Jahr

Ihres 70. Geburtstages, haben Sie im Festspielhaus «Parsifal» herausgebracht. Für 1994 haben Sie uns eine Neuinszenierung des «Rings» versprochen, den Sie uns zuletzt 1970 und davor 1960 auf der Bühne gezeigt hatten.

Sie merken alle, meine Damen und Herren, ich spreche von Zeiträumen, die übersichtlicher nach Jahrzehnten als nach Jahren unterschieden werden. Und ich tue dies im Staunen vor der Tatsache, daß die zeitliche Dimension vor der stets frischen Präsenz dieses Werkes längst kapituliert hat. Lassen Sie mich noch einen Aspekt herausgreifen, um anschaulich zu machen, was mein Erstaunen hervorruft.

Glanzvolle Epochen der Theatergeschichte, in denen eine besondere Prägung des Bühnengeschehens über eine gewisse Zeit hinweg ein wechselndes, ein älter und wieder jünger werdendes Publikum in Bann hielt, gab es einige. Die griechische Tragödie etwa, mit deren Wirkungsmacht die gewaltige Tetralogie vom «Ring des Nibelungen» oft verglichen wird, bestimmt von Aischylos bis Euripides einen geistigen Zeitraum von 80 Jahren. Das elisabethanische Theater, das seinen Gipfelpunkt mit Shakespeare erlebt, brachte es nur auf sechs kraftvolle Lebensjahrzehnte. Sieben Jahrzehnte umfaßt die Klassik der Franzosen, soweit damit Corneille, Racine und Molière gemeint sind. 100 Jahre immerhin währte die Blüte des spanischen Theaters von Lope de Vega bis Calderón de la Barca.

Doch das, was in Bayreuth geschieht, seit 1876 die Höhen und Tiefen unserer Geschichte begleitend geschieht, geschieht so, wie es damals Shaw und seither viele andere beschrieben haben, heute wie eh und je, nach 100 Jahren, hundertzehn Jahren, demnächst, wenn Ihr nächster «Ring» zwei Jahre hintereinander gespielt sein wird, 1996 einhundertzwanzig Jahre.

Dies verdankt sich nicht nur der Kraft des Werkes, dem die Festspiele gewidmet sind. Dies verdankt sich vor allem dem Ingenium jener, die es pflegen – und eben nicht, überhaupt nicht museal erhalten, bewahren, sondern in *der* Spannung immer wieder neu ergreifen, die dem ja auch revolutionären Pathos ihres Gründers entspricht. Viele in diesem Kreis, der heute zusammengekommen ist, haben daran entscheidend mitgewirkt. Die Größe, die dazu gehört, als Nachgeborener das Große zu bewahren, muß sich verbinden mit der Größe, die es braucht, um das Neue immer neu zu wagen. Diese Verbindung ist Ihnen in Bayreuth gelungen. Darum ist es Ihnen gelungen, das Antiquierte zu vermeiden, darum konnten Sie auch den Beliebigkeiten von Probierbühnen des guten Willens entgehen.

Wo zu solchen hervorragenden künstlerischen Gaben auch noch Charakter hinzukommt, fügt es sich, daß die Zeiträume aktueller Wirkung nach Jahrzehnten gemessen werden können. Es muß, gerade wenn man die Künstlerbiographien unserer nachromantischen Epoche im Kopfe hat, nur eindrucksvoll-sympathisch anmuten, daß Sie, lieber Herr Wagner, Ihre künstlerische Laufbahn, vielleicht zufällig, ich weiß es nicht, in Berlin als Regisseur mit der Oper «Andreasnacht» Ihres von der Kritik wohl doch ungerecht behandelten Vaters Siegfried Wagner begannen.

Es gibt andere uns allen bekannte Beispiele, wie Sie innerhalb der Familie und darüber hinaus nicht dem Drängen der Zeit von außen gefolgt sind, sondern der inneren Stimme.

«Das Schlimmste ist», haben Sie einmal gesagt, «ein perfekter Mensch sein zu wollen». Ich breche das Zitat hier am liebsten ab, weil es mir schon bis hier so gut gefällt. Ich könnte da aber auch nur innehalten und uns allen einen Wimpernschlag Zeit zum Nachdenken verschaffen, was man sich dabei alles vorstellen könnte. Denn wer schützte uns davor, indiskret zu werden, wenn wir dem nachforschen wollten? Ich fahre deshalb doch mit dem Zitat fort: «Perfektionismus ist ja nur eine Idee, eine Wahnvorstellung». Nun, die Villa Wahnfried ist ein Museum geworden. Das Festspielhaus ist es nicht. Wir alle danken Wolfgang Wagner dafür, daß er nicht den imposanten Frieden suchte für das Unternehmen Bayreuth, sondern die aufstörende Unruhe. Wir danken ihm dafür, daß er nicht einer Idee nachjagt, sondern begabte junge Menschen dazu brachte, sich in der Realität der Festspiel-Aufführungen in Bayreuth zu entwickeln und so berühmt zu werden. Wir danken Wolfgang Wagner dafür, daß er uns das Beispiel eines künstlerischen Gelingens gegeben hat.

GÄSTELISTE
THEODOR ESCHENBURG

Ingrid Eschenburg
D. Klaus von Bismarck
Dr. Hans Heigert,
  Präsident Goethe-
  Institut, München
Prof. Dr. Helmut Coing
Dr. Theo Sommer,
  Die Zeit
Dr. Friedrich Karl
  Fromme, FAZ
Peter Kemmler
Prof. Dr. Hans-Peter
  Schwarz
Wolf Jobst Siedler
Frau Siedler
Dr. Adolf Theis,
  Präsident der
  Universität Tübingen
Christine Eschenburg-
  Schricker

Rolf Störring
Ulrike Störring
Kathrin Kemmler
Wolfgang Eißer
Susanne Eißer-
  Eschenburg
Prof. Dr. Klaus Gallwitz
Dr. Esther Gallwitz
Dr. med. Hans-Joachim
  Kempf
Hildegard Kempf
Ministerpräsident
  Dr. Lothar Späth
Barbara Otto
Ulrich Frank-Planitz
Dr. Hermann Rudolph,
  Süddeutsche Zeitung
Prof. Dr. Rudolf Hrbek
Prof. Dr. Lehmbruch
Dr. Claudia Melms

Meine Frau und ich danken Ihnen, verehrter Herr
Eschenburg, dafür, daß Sie unsere Einladung zur Feier Ihres Geburtstages angenommen haben. Wir sind
glücklich und dankbar, daß mit Ihnen Ihre Familie,
Ihre Freunde, Weggefährten und Schüler zu uns gekommen sind. Seien Sie alle in der Villa Hammerschmidt herzlich willkommen.
Selbst hatte ich nie den Vorzug, bei Theodor Eschenburg zu studieren, mit ihm direkt zu arbeiten oder
über ihn zu schreiben, wie die meisten der hier anwesenden Gäste. Ich will mir auch kein Amt anmaßen,
und doch legitimiert mich mein Amt, um Theodor
Eschenburg zu seinem 85. Geburtstag den Dank und
die hohe Achtung von uns allen zu sagen. Denn er hat
unserem Staat in prägender Weise auf den Weg geholfen. Er hat Wege gewiesen und er hat uns Wanderer
auf diesen Wegen verständnisvoll und scharf im Auge
behalten, damit wir nicht abirren.
Mit uns meine ich nicht zuletzt Mandatsträger, Verfassungsorgane, Menschen, die in den Institutionen
unseres Staates Aufgaben zu erfüllen haben. Beim
Antritt meines Amtes habe ich bei Theodor Eschenburg Rat gesucht und gefunden. Es geschah münd-
lich, und nie werde ich den Kenntnisreichtum und
Verantwortungssinn vergessen, mit dem er die Un-

terhaltung bestritt. Ich habe aber auch in seinen Werken nachgelesen und fand dort unter anderem einen Aufsatz über das «entbehrliche Amt», gemeint ist das Amt des Bundespräsidenten, zum Glück am Ende mit einem Fragezeichen versehen, welches sich auf die Entbehrlichkeit bezog. Diesem Aufsatz verdanke ich wesentliche Einsichten. Eschenburg spricht von dem Bundespräsidenten als der «Reservemacht». Damit ist nicht gemeint, daß man in diesem Amt keine aktive Aufgabe habe, sondern nur in der Reserve lauern dürfe. Auch soll es nicht heißen, daß der Inhaber dieses Amtes gewissermaßen aus der Reserve heraus das tun müsse, was andere tun sollten, aber nicht tun. Man soll anderen zu ihrem Tun helfen, aber nicht Macht an ihrer Stelle ausführen. Das Entscheidende, was dieser Aufsatz ebenso wie andere Arbeiten von Eschenburg verdeutlicht, ist das Verhältnis von Institution und Person. Wer sich nur auf die Person mit ihrer inspiratorischen oder gar charismatischen Kraft verläßt, der verkennt die dringende Notwendigkeit der Institution für das Zusammenleben der Menschen. Sie ist als haltende Kraft für die Menschen in ihrer Schwäche notwendig. Sie ist Ausdruck der Unentbehrlichkeit der Ordnung. Doch wer sich allein auf die Institutionen verläßt und auf die Menschen nicht achtet, die in ihnen tätig sind, der trägt dazu bei, daß das Gemeinwesen austrocknet. Institutionen allein bringen den Geist, die Konzeption und die Führung nicht zustande, die jede Zeit braucht. Institutionen bieten nur den Rahmen, in dessen Grenzen sie wirksam werden.

Wenn Menschen im Staat die ihnen übertragenen

Aufgaben verantwortlich ausfüllen, so befähigt sie dazu einerseits die Kompetenz, die ihnen kraft Verfassung und Institution zukommt, und andererseits die Autorität, die sich mit ihrer Person verbinden kann. Das eine wie das andere ist vonnöten:
– die Macht, die sich auf die formale Kompetenz, auf die Zuständigkeit stützt; dieses unbeliebte Wort Zuständigkeit heißt ja Verantwortlichkeit;
– und die Autorität, die ihr Gewicht nicht von Zuständigkeiten ableitet, die vielleicht sogar durch geringere formale Kompetenz freier und wirksamer werden kann.
Von Theodor Eschenburg stammt der Ausdruck, die Institution sei Subjekt und Objekt der Politik, in ständiger Wechselwirkung. Eine gute Verfassung tut not. Aber sie kann wertlos werden in Händen unzulänglicher Politiker. Wenn es an Geist, Konzeption und Führung durch die Menschen fehlt, die im Amte sind, entsteht ein Vakuum. Gefüllt wird es zumeist durch die kleineren Zuständigkeiten kraft Institution, die aber nur ihren Sektor vertreten und das Ganze nicht im Auge haben. Die Folge ist Bewegungsunfähigkeit. Eine politische Linie kommt auf diese Weise nicht zustande, sie wird eher verhindert.
Wenn sich andererseits persönliche Autorität zur politischen Konzeption und Führung selbst beruft, ohne im Rahmen einer Institution dazu berufen zu sein, fehlt ihr entweder die Kraft zur Ausführung oder sie verführt dazu, die notwendigen Institutionen zu untergraben.
In einer Zeit, in der aus naheliegenden, aber irrigen Gründen jede Autorität unter Verdacht geriet, hat

Theodor Eschenburg ein wahrhaft bemerkenswertes Buch über das Wesen der Autorität geschrieben. Dort erinnert er daran, daß schon in der römischen Res publica auctoritas mehr war als ein Ratschlag, aber weniger als ein Befehl.

Niemandem verdanken wir treffendere, tiefere und zum Glück auch nüchternere Einsichten über das Verhältnis von Amt und Person als Theodor Eschenburg. Er ist ein Liberaler, mit dem leider nicht allen Liberalen eigenen, aber notwendigen Sinn für die Ordnung. Er ist ein Kenner der Geschichte wie kaum ein anderer und zugleich ein Kenner der Menschen in der Geschichte. Daher rührt seine unvergleichliche Gabe, Geschichte zu begreifen und Geschichten zu erzählen.

Auf diese Weise war Theodor Eschenburg einzigartig begabt zur politischen Wissenschaft im Sinne von Forschung und Lehre. Es ist ja eine Wissenschaft, die bei uns in Deutschland bedeutende einzelne Persönlichkeiten hervorgebracht hat, als ganze Disziplin aber noch immer darauf wartet aufzublühen. In der politischen Exekutive und Legislative gibt es ungezählte Sachverständige, und doch bei weitem noch kein ausreichend entwickeltes Gefühl für die unentbehrliche analytische, konzeptionelle und normative Kraft, die die unabhängige Wissenschaft zum Verständnis und zur Lösung politischer Fragen beisteuern kann. Umgekehrt hält sich im Hochschulbereich noch immer die Vorstellung, als wäre eine allzu große Nähe an die Fragen der praktischen Politik in Wahrheit eine Zone der Ansteckungsgefahr mit einer Krankheit, die die Unabhängigkeit der Wissenschaft gefährden könnte. Deshalb bleiben viele Wissenschaftler lieber im Bereich des Wahren, Guten und Schönen der Systematik und Abstraktion um ihrer selbst willen.

Theodor Eschenburg hat wie kaum ein anderer den großen und unentbehrlichen Rang der politischen Wissenschaft aufgezeigt und verkörpert. Ein theoriebesessener Professor ist er wahrlich nicht. Er sagt ja von sich selbst, das Theoriedefizit sei bei ihm sehr groß. Das ändert aber nichts an seinen profunden Kenntnissen, an seinem horrenden Gedächtnis und vor allem an seinem unabhängigen, unbeirrbaren und unbestechlichen Urteil. Er ist ein Mann der geistigen und moralischen Tugenden im Staat. Darauf stützt sich sein reiches wissenschaftliches und publizistisches Werk

– von den Grundrechten bis zur Gemeindeordnung
– von der Richtlinienkompetenz des Bundeskanzlers bis zur Redefreiheit eines Ministers
– von übereilten Regierungserklärungen bis zum Ernennungsrecht des Bundespräsidenten
– von der Parteienfinanzierung bis zum Wesen der Staatsraison
– von der Nebenregierung der Verbände bis zum Unwesen der Ämterpatronage.

Mit seiner Fähigkeit zur nachdenklichen Fairneß und zum unerbittlichen Urteil wurde Theodor Eschenburg, der Lehrmeister der Institutionen, als Person zur Institution. Er wurde zum Mentor einer ganzen Generation von Wissenschaftlern, Publizisten und Politikern.

Ich hatte nicht das Privileg, in Tübingen bei ihm zu

studieren. Ich war nicht seinen liebevoll strengen Prüfungsfragen ausgesetzt. Auch hatte ich keine Gelegenheit, Stuttgarter der ich bin und einer Familie aus Öhringen, Tübingen und Stuttgart entstammend, ihn zu fragen, als es noch Zeit war, ob denn das mit dem Südweststaat wirklich sein mußte – aber einem Lübecker muß man dies wohl als Stuttgarter verzeihen. Und doch verdanke ich ihm unendlich viel mehr als ich sagen kann. Ich fühle mich als ältlicher, begeisterter Schüler, der einen verehrten Meister grüßt.

GÄSTELISTE
MARION GRÄFIN DÖNHOFF

Prof. Dr. Henry
A. Kissinger
Dr. Hans-Jochen Vogel,
MdB
Bundeskanzler a. D.
Helmut Schmidt
Prof. Fritz Stern, Ph. D.
Gräfin Adelheid
zu Eulenburg
Prof. Dr. Shepard Stone
Prof. Dr. Lew Kopelew
Freiherr Axel
von dem Bussche
Prof. Dr. Hellmut Becker

Prof. Dr. Hartmut
von Hentig
Senator a. D.
Dr. Gerd Bucerius
Graf Hermann Hatzfeld
Dr. Theo Sommer,
Die Zeit
Haug von Kuenheim,
Die Zeit
Prof. Dr. Carl-Friedrich
Freiherr von Weizsäcker
Freifrau von Weizsäcker
Egon Bahr, MdB

Heute dürfen wir, meine Frau und ich, hier in der Villa ein Fest feiern, über das wir glücklich sind:
– ein Freundesfest,
– ein Familientreffen
– und einen kleinen Staatsakt,
alles in einem. Marion Gräfin Dönhoff ist es, der wir dies zu danken haben. Es ist ein Fest, zu dessen Sinn und Hauptperson wir uns in der Tiefe des eigenen Herzens hingezogen fühlen und das mir zugleich als Pflicht und Recht in meinem Amt zufällt. Meine Frau und ich heißen Sie alle herzlich willkommen und danken Ihnen, daß Sie unsere Einladung angenommen haben.

Jeder Teilnehmer dieser Runde hat auf seine ganz eigene Weise Grund zur Zuneigung und Dankbarkeit für unser Geburtstagskind. Es ist weder nötig, noch wäre es mir möglich, dies in Ihrer aller Namen zusammenzufassen. Nicht das, was hier gesagt wird, sondern daß Sie hier heute in trautem Kreis um Marion versammelt sind, sagt an, worauf es uns ankommt.

Meinerseits habe ich Marion Dönhoff im Herbst '45 kennengelernt, in Brunkensen im südlichen Niedersachsen und vor allem auf einer mir unvergeßlichen Fahrt von Göttingen durch Hessen – unterwegs vor-

bei an Martin Niemöller und Fabian Schlabrendorff –
nach Nürnberg zum Tribunal.

Fast ein halbes Jahrhundert ist seither vergangen. Europa und Deutschland schicken sich an, dieses Jahrhundert so völlig anders und offener miteinander zu beenden als alle die schrecklichen Irrwege und Leiden damals erkennen und erhoffen ließen.

Wenn ich nun an das denke, was mir aus jenen ersten Begegnungen mit Marion in Erinnerung ist, dann zeigt sich eines ganz deutlich: Die Welt hat sich seither in unvorstellbarer Weise gewandelt und uns mit ihren Entwicklungen immer wieder unvorbereitet angetroffen. Marion aber hatte in der Tiefe ihres Wesens zu aller Zeit eine Ahnung von den Dingen, wie sie kommen und werden. Das heißt gewiß nicht, daß sie stets die richtigen konkreten Prognosen stellt. Was sie jedoch damals und später im Lauf der Jahrzehnte sagte, das bedurfte und bedarf bis heute in seinem inneren Kern keiner Korrektur.

Es gab bei ihr keine seelisch-geistigen Rösselsprünge. Vielmehr war und ist es Ausdruck eines Geistes, der diszipliniert und scharfsinnig, zugleich und vor allem aber mehr als das ist, nämlich ein gewissenhafter Geist, ein gewisser Geist.

Es ist immer die nämliche Souveränität, die ich bei ihr erlebe: eine Souveränität, die dadurch geprägt ist, daß sie von niemandem abhängig ist und daß sie zugleich von tiefer Einsicht in das Wesen des menschlichen Schicksals geleitet ist. Ich weiß dafür kein anderes Wort als Demut. Dies ist die Quelle dessen, was unter Menschen Souveränität verleiht.

Es ist schon eine große Gunst, wenn ein Mensch von

seinem Wesen her und auch vom Klima zu Hause aus zu solcher Souveränität befähigt wird. Wie viele andere haben es da schwerer, weil nun einmal vom Himmel aus kein Gleichheitsgrundsatz gilt. Aber viele andere haben den Gewinn gehabt und zu ihrem Wohle dankbar erfahren, daß Marions Leben von dieser Gunst geprägt ist.

Auch ich gehöre zu ihnen. Damals, in den ersten Nachkriegsjahren, wurde unter ihrer Autorität im Kreise von Jüngeren diskutiert und überlegt und gelernt, was auf uns wartet. Marion hat zugehört, mitgesucht, ermutigt, herausgerufen, Maßstäbe implantiert, die man auch dann befragen konnte, wenn sie gerade mal wieder in Südafrika war, statt erreichbar zu Hause. Und wenn man selbst einmal weit weg war und sie zu Hause, begegnete man draußen der Wirkung ihrer Person, ihres integren Denkens, ihres Charakters. Wie wohl tut dies uns allen jedesmal!

Was wir Marion Dönhoff an Kenntnissen von und Verständnis für Preußen verdanken, ist in aller Munde. Wo und wie Preußen heute lebt, wissen wir nicht so genau. François Mitterrand hat mir schon mehrfach gesagt, er würde sich freuen, wenn es ihm gelänge, die heutigen Deutschen zu einem günstigeren Urteil und Verhältnis zu den Preußen zu bringen als viele es haben. Er glaube an eine Zukunft der Preußen und hoffe auf sie.

Ich denke, es gibt Rheinländer und Schwaben, die heute manches über Ostpreußen wissen, was ihre Vorfahren zu einer Zeit, als Ostpreußen noch dazugehörte, nicht wußten. Sie verdanken dieses lebendige Wissen über die Weite, die Ethik und die Liberalität ostpreußischer Provenienz eben Marion Dönhoff, ihren Gedanken und ihrem Wesen.

Sie selbst hat einmal den lieben Bayern einen Vortrag über Preußen gehalten, in der Bayerischen Akademie der schönen Künste. Man lese ihn nur immer wieder nach. Es ist eine wahre Freude! Oft werden aus dieser Rede die drei Begriffe zitiert, mit denen Marion Preußen beschreibt:
- Toleranz aus Vernunft
- Staatsraison in der Hierarchie
- Loyalität ohne Willfährigkeit.

Als ein Außenstehender denke ich mir: da hat also Marion halb unbewußt auch die Grundwerte der Redaktion der ZEIT auf den Begriff gebracht – die sie den Kollegen nahebringt und abverlangt; oder nicht?

Diderot hat bekanntlich die aufgeklärten absoluten Monarchen nicht gemocht, zumal nicht Friedrich den Großen. Denn Diderot sagte, daß sie die Mündigkeit ihrer Untertanen verhindern. Ich denke, hätte Diderot, dieser große Mann, die Prophetengabe besessen, Marion Dönhoff vorauszusehen, dann hätte er es sich noch einmal überlegt!

Ich glaube schon – Außenstehender der ich, wie gesagt, bin –, daß Marion eine aufgeklärte Monarchin ist, aber eben eine besonders aufgeklärte preußische, bei der der wichtigste ihrer drei preußischen Begriffe, die Loyalität ohne Willfährigkeit, zur menschlichen Wirklichkeit wird. Das ist Mündigkeit, und damit hat Marion mit der ZEIT uns allen ganz entscheidend zu einem öffentlichen Bewußtsein, nein: zu einem öffentlichen Wissen und Gewissen verholfen, das gewiß nicht im strittigen Einzelfall immer recht haben muß, aber das uns einen aufrechten Gang erlaubt. Es ist schwer, in Worten auszudrücken, was das für uns bedeutet und wert ist!

Leider fehlt mir das Talent, um das zu tun, was ich mit der größten Überzeugung und Freude täte, wenn ich es nur könnte, nämlich fortzufahren in der dichterischen Schilderung preußischer Frauengestalten, so wie Kleist und Fontane es getan haben. Die Frauen sind es vor allem, die das Maß, die Würde und die innere Kraft Preußens verkörpern und bewahren. Im 17. Jahrhundert sind es die beiden Frauengestalten im Prinzen von Homburg, die allen den bedeutenden Männern die Richtung geben für ihren Weg. Im späten 18. und im 19. Jahrhundert sind es die Frauen bei Fontane, vor allem die beiden in seinem größten Roman, in «Vor dem Sturm», die uns Preußen in seiner besten Weise überliefern.

Ja, und wäre ich ein preußischer Dichter, ich würde vor meinen Zeitgenossen nicht verborgen halten, daß die alten Preußen zufrieden vom Himmel herunterblicken können, weil sie unter uns fortleben in einer würdigen und wahren Frau, in Marion Dönhoff, der Preußin unseres Jahrhunderts. Doch weil ich nun einmal kein preußischer Dichter bin, bitte ich Sie alle, sich von Ihren Plätzen zu erheben und mit mir anzustoßen auf Marion, unser Geburtstagskind.

GÄSTELISTE
KARL CARSTENS

Dr. Veronica Carstens
Bundespräsident a. D.
  Walter Scheel
Bundestagspräsidentin
  Prof. Dr. Rita Süssmuth
Bundestagspräsident a. D.
  Dr. Kai-Uwe von Hassel
Bundestags-Vizepräsidentin
  Annemarie Renger
Bundestags-Vizepräsident
  Richard Stücklen
Bundeskanzler
  Dr. Helmut Kohl
Prof. Dr. Roman Herzog
Dr. Alfred Dregger,
  MdB
Dr. Hans-Jochen Vogel,
  MdB
Wolfgang Mischnick,
  MdB
BM Dr. Theodor Waigel
BM a. D. Dr. Otto
  Graf Lambsdorff
BM Dr. Norbert Blüm
BM Dr. Gerhard
  Stoltenberg

Ministerpräsident
  Dr. Walter Wallmann
Ministerpräsident
  Dr. Ernst Albrecht
Ministerpräsident
  Dr. Johannes Rau
Landesbischof i. R.
  Prof. Dr. Eduard Lohse
Adolf Schmidt
Paul Schnitker
Dr. Helmut Geiger
Reiner Kunze
Prof. Dr. Georg Brunner
Dr. Horst Niemeyer
Admiral Dieter Wellershoff
Dr. Hans Werner
  Lautenschlager
BM a. D. Dr. Georg Leber
STS Dr. Andreas Meyer-
  Landrut
Botschafter
  Dr. Franz Pfeffer
Prof. Dr. Klaus Ritter
Bürgermeister Klaus
  Wedemeier, Bremen
Prof. Dr. Dr. Klaus Stern

KARL CARSTENS
ABENDESSEN AUS ANLASS DES 75. GEBURTSTAGES
VILLA HAMMERSCHMIDT, 14. DEZEMBER 1989

Herr Bundespräsident Carstens,
verehrte Frau Carstens,
verehrte und liebe Gäste!
Mit großer Freude begrüßen meine Frau und ich Sie
alle und danken Ihnen, daß Sie unserer Einladung gefolgt sind. Offen gestanden – ich hätte es an Ihrer
Stelle auch getan. Denn es ist die Freude an unserem
Geburtstagskind, die Achtung und die Dankbarkeit
für ihn, die uns hier vereint.
In Ihrer Gedenkrede auf Theodor Heuss, lieber Herr
Carstens, haben Sie 1984 von den «vier Fixsternen» in
der Präambel des Grundgesetzes gesprochen, «an deren Formulierung Heuss maßgeblich beteiligt war,
die dem politischen Handeln der Deutschen Richtung
geben sollten: Friede in der Welt, Einheit und Freiheit
der Nation, Verpflichtung für ein einiges Europa».
Ihr Geburtstag liegt so, daß ein Rückblick auf das Le-
bensjahr sich immer leicht verbindet mit einem
Rückblick auf das jeweilige Kalenderjahr, das zu Ende geht. Dieses Jahr 1989, das sich nun seinem Ende
zuneigt, ist ein glückliches Jahr für die Deutschen,
und ich sehe niemanden, der sich dieser Empfindung
entziehen wollte. Zugleich aber, im Strudel der ge-
waltigen Veränderungen, spüren wir, wie wichtig es
ist, auch die anderen eben genannten Fixsterne nicht

aus dem Auge zu verlieren. Sie behalten ihre Bedeutung und gewinnen an Gewicht, je mehr sich der Traum von der deutschen Einheit der Wirklichkeit nähert.

Die Grundgedanken von Menschenwürde und rechtsstaatlicher Demokratie, die für das ganze Europa gelten, haben die politische Dynamik in Gang gesetzt, die dem Willen der Völker zum Durchbruch verhalf und die Regierenden dazu zwang, den Eisernen Vorhang einzureißen. Doch wollen wir Deutschen eines nicht vergessen: Ohne das, was in Moskau Gorbatschow in Bewegung brachte, ohne die Hoffnungen und die Kraft der Polen und der Ungarn, und auch der Tschechen und Slowaken, wäre es mit dem Wandel in der DDR nicht dahin gekommen, daß wir heute konkret vor der Aufgabe und Chance stehen, der Einheit der Deutschen näherzukommen.

Und ohne den Frieden in der Welt dürften wir nicht hoffen, daß die europäischen Dinge – und mit ihnen die deutschen – sich so weiterentwickeln, wie es den Wünschen in unseren Herzen entspricht. Gerade in Zeiten welthistorischer Umbrüche hören Fixsterne auf, nur der grundsätzlichen Besinnung zu dienen. Sie werden Wegzeichen für die Politik von Tag zu Tag.

Als die Präambel mit diesen Fixsternen formuliert wurde, waren Sie, Herr Carstens, als junger Jurist in Yale. Sie haben berichtet, daß Sie hingegangen waren, weil Ihnen die Kenntnis des amerikanischen Zivilrechts für Ihre Zukunft als Anwalt nützlich erschien. Doch Sie kamen mit Verfassungsrecht, mit Politik und Geschichte der Vereinigten Staaten in

Berührung und kehrten zurück als ein Bürger der jungen Bundesrepublik Deutschland, der bereit und entschlossen war, sich dem Staatsdienst, der Politik zuzuwenden.

Was nun folgte, kennen wir als Ihre Freunde seit langem, ohne das Staunen darüber verlernt zu haben: der beispiellose Weg, den Sie im öffentlichen Dienst unseres Landes zurückgelegt haben. Als «junger Mann Kaisens», des sozialdemokratischen Bürgermeisters von Bremen, wurden Sie Bevollmächtigter der Hansestadt in Bonn und bauten mit an der föderativen Ordnung der Bundesrepublik. Als «junger Mann Adenauers» gingen Sie nach Straßburg und wirkten mit an den ersten Institutionen des zusammenwachsenden Europas.

Sie waren immer noch ein junger Mann, als Sie ins Auswärtige Amt gingen, und als Sie dort Staatssekretär wurden, schrieb eine Zeitung, dies sei «der Durchbruch der jungen Generation in die Spitzenstellungen der Diplomatie». Nach der Zeit als Staatssekretär im Verteidigungsministerium bildete Ihre Tätigkeit als Staatssekretär im Bundeskanzleramt zweifellos den Höhepunkt Ihrer Laufbahn als Beamter.

Bei all den Belastungen, gleichsam nebenher, hatten Sie sich 1952 in Köln habilitiert, lasen Staatsrecht und Völkerrecht, wurden schließlich 1960 Ordinarius und Leiter des Instituts für das Recht der Europäischen Gemeinschaften. Das hätte Ihre zweite Laufbahn sein können. Sie zogen eine dritte vor, die Sie direkt in die Politik führte.

Eine Zwischenstation bildete zunächst für Sie die

Aufgabe der Forschungsleitung in der Deutschen Gesellschaft für Auswärtige Politik. Dort haben Sie nicht nur einen hervorragenden Beitrag zur Kontinuität unserer Außenpolitik geleistet, sondern nebenher auch Beispielhaftes zur kostenlosen Erwachsenenbildung Ihrer Partei in Sachen Außenpolitik getan, eine Tätigkeit, die stets ebenso Gott wohlgefällig wie dringend nötig ist. 1972 wurden Sie dann als Abgeordneter des schönen Wahlkreises Plön in den Deutschen Bundestag gewählt. Und kaum waren Sie in der Fraktion und hatten eine erste große Rede gehalten, wurden Sie auch schon Fraktionsvorsitzender und damit Oppositionsführer – eine schwere Aufgabe. Ich habe Sie wahrlich darum nicht beneidet und daher in der Abstimmung um den Vorsitz ebenso deutlich wie fröhlich gegen Sie verloren. 1976 folgte die Wahl zum Präsidenten des Deutschen Bundestages. Drei Jahre später wurden Sie Bundespräsident, und wir alle haben den Gewinn davon gehabt.

Die Kapitel Ihrer politischen Wirkung könnten samt und sonders Platz in einem Buch finden, das sich vornehmen würde, frei von den gängigen und ängstlichen Skrupeln, den Begriff der politischen Elite zu erläutern. Sie sind in der Parteien-Diskussion als Seiteneinsteiger bezeichnet worden. Als solcher verschafften Sie sich alsbald großen Respekt als Gegenspieler zur Regierung. Und der Mann, der als Oppositionsführer Ansehen errungen hatte, vermochte als Parlamentspräsident und dann vor allem als Staatsoberhaupt die Hochachtung aller zu gewinnen.

Oder, wenn wir noch einmal zu den Anfängen zurückgehen wollten: Man braucht keine Unterschiede zu verwischen, wenn man darauf hinweist, daß Sie das Vertrauen des Sozialdemokraten Kaisen ebenso rechtfertigten wie das Vertrauen des Christlichen Demokraten Adenauer.

Wenn ich in alldem die Vorzüge einer politischen Elite erkenne, anschaulich geworden am Beispiel eines ebenso unabhängigen wie herausragenden einzelnen, so möchte ich versuchen, das Angeschaute zu ergänzen.

Es gibt unterschiedliche Wege in die politischen Mandate: die sogenannte Ochsentour in den Parteien; die Delegation durch große Interessenverbände und wertorientierte Gemeinschaften; die Fähigkeit, Menschen zu gewinnen und zu gemeinsamem Handeln zu bewegen; die Begabung für exklusive Themenfelder, welche die Politik nicht vernachlässigen darf. Schließlich und vor allem die emphatische Hinwendung zu großen Zielen des öffentlichen Lebens, die das politische Engagement der Besten erfordern. Das alles ist bei uns anzutreffen.

Doch dazu gibt es für die Welt des Politikers auch jene Qualitäten, die Max Weber im Auge hatte, als er von der Politik als Beruf sprach.

So, wie es ein Bewußtsein präzisen Könnens für Diplomaten gibt, so gibt es auch ein Bewußtsein der Könnerschaft bei Politikern:

– Der Politiker, der nicht so sehr wegen seiner Ansichten populär ist, als vielmehr mit seinen Einsichten überzeugt.

– Der Politiker, der, ob Seiteneinsteiger oder Umsteiger, aufgrund seines intellektuellen Talents, seiner geschulten Arbeitsweise, seiner wachsamen Disziplin für jede verfassungsmäßige Aufgabe der Politik qualifiziert ist.

– Der Politiker, dessen berufliches Profil sich nicht
der Attraktivität der jeweiligen politischen Aufgabe
verdankt, sondern der immer deutlicher hervortretenden Fähigkeit, seine Arbeit in großer Könnerschaft und Verantwortung zu leisten.

– In einem Bild: der Politiker, dem der für viele nur
herumpolitisierende Köpfe ärgerliche Nachweis gelingt, daß es wahrlich ein hohes Maß ausgewiesener
Kompetenz und Qualität erfordert, nicht nur, um eine gute Brücke zu bauen oder eine gute Symphonie
zu komponieren – sondern vor allem auch, um ein
guter Politiker zu sein.

Lieber Herr Carstens, in den verschiedenen Aufgaben, in denen Sie unserem Land gedient und es in
vorbildlicher Weise nach außen vertreten und im Inneren zusammengehalten haben, ist es Ihnen gelungen, die Vorzüge einer politischen Elite exemplarisch
zu verkörpern. Gerade der Wechsel von einer Rolle in
eine andere mit gleicher Überzeugungskraft, mit
gleicher Zuverlässigkeit, mit gleichbleibendem Erfolg erweist, was Politik als Beruf bedeuten kann und
soll.

Vom Meister Eckart gibt es die Mahnung, die Menschen sollten nicht so viel darüber nachdenken, was
sie *tun* sollen, sondern darüber, was sie *sein* sollen. Politik, das wissen wir alle, oft aus schwierigen Stunden, muß immer eine Antwort auf die Frage suchen,
was zu tun ist. Man denke nur an die Entscheidung,
vor der Sie wegen der Auflösung des Parlaments
1982/83 standen. Doch die Fragen in der richtigen

Weise zu stellen, die Antworten in der richtigen Weise zu suchen – mit den gefundenen Antworten in überzeugender, glaubwürdiger Weise umzugehen, das gelingt einem Politiker nur, wenn er in seiner Aufgabe das ist, was er als Mensch und als Diener in den Ämtern der Republik zu sein hat nach den Kriterien persönlicher Humanität, praktischer Klugheit und umsichtiger Verfassungstreue. Für dieses Profil des Politikers haben Sie uns, verehrter Herr Carstens, ein Beispiel gegeben. Dafür bleiben wir Ihnen in Dankbarkeit und Hochachtung verbunden. Wir grüßen Sie zu Ihrem fünfundsiebzigsten Geburtstag und, zusammen mit Ihnen, unsere von uns allen hochverehrte Frau Dr. Carstens von Herzen und mit unseren guten Wünschen für die Zukunft.

GÄSTELISTE
BERHARD MINETTI

Elisabeth Minetti

Senator Dr. Volker
Hassemer

Walter Momper, MdA
Berlin

Joachim Bliese

Klaus Maria Brandauer

Karin Brandauer

Traugott Buhre

Lilli Engel

Prof. Martin Held

Marianne Hoppe

Harald Juhnke

Alfred Kirchner

Emanuel Minetti

Christof Nel

Claus Peymann

Raffael Rheinsberg

Dr. Günther Rühle

Otto Sander

Heribert Sasse

Jürgen Schitthelm

Christiane Schneider

George Tabori

Prof. Dr. Hans-Joachim
Weitz

Dieter Dorn

Klaus-Michael Grüber

Jutta Lampe

Hans-Peter Minetti

Irma Minetti

Theo Minetti

Anneliese Minetti

Hans Neuenfels

Elisabeth Trissenaar

Hans-Michael Rehberg

Maria Wimmer

Prof. Dr. Henning
Rischbieter

Rüdiger Schaper

Dr. Siegfried Unseld

Sibylle Wirsing,
Der Tagesspiegel

Ellen Hammer

Hein Stünke

Ich kann Ihnen nicht ausdrücken wie glücklich ich
bin, daß Sie alle hierher gekommen sind: Zuerst und
vor allem Sie, verehrter Herr Minetti, daß Sie an Ihrem Geburtstag selbst bereit gewesen sind zu kommen: mit Ihrer Frau, mit Ihrer Familie, von der ich
drei Generationen begrüßen darf. Das ist eigentlich
die höchste Ehre für den Gastgeber, wenn der Ehren-
gast mit seiner ganzen Familie kommt. Und wir
wollen auch die Familienmitglieder einschließen, die
nicht dabei sein können. Ich denke an Ihre Tochter
Jennifer, die mir einen reizenden Brief geschrieben hat,
an die Enkel und an andere, die noch dazu gehören.
Allen Gästen, die der Einladung zu Ehren von Bernhard Minetti gefolgt sind, gilt mein Dank, daß sie
Zeit aufgewandt und Reisestrapazen auf sich genommen haben, um zu kommen. Mein Gewissen ist nur
insofern etwas entlastet, als ich Ihnen ja nicht zu sagen brauche, daß sich um Bernhard Minetti zu versammeln, in erster Linie ein Geschenk ist, das man
sich selber macht. Ich bedaure nur, daß ich nicht mit
jeder oder jedem einzelnen von Ihnen hier ein tête-à-
tête haben kann. Statt dessen sitzen wir hier in dieser
quadratischen Runde – das nennt man ja neuerdings
einen runden Tisch –, und ich freue mich, daß Sie bereit gewesen sind, alle zu kommen.

Wenn ich die Welt, in der ich meine Tage verbringe in meinem Beruf, messe an dem Kreis, der sich hier zusammengefunden hat, dann fragt man sich natürlich: was ist das für eine Welt, in der man sonst so lebt? Gewiß, es ist die Welt so wie sie ist, und wir gehören dazu, aber es ist doch eine Welt und ein Leben, in denen man nach Hilfe sucht, damit man sie auch ertragen kann. Das geschieht dann, wenn Kunst sich dieses Lebens annimmt, so schonungslos, so liebevoll und so lebensvoll wie Kunst es eben kann. Und welche Kunst kann es besser, als das Theater mit seinen Dichtern und Spielern? Sie sind es, die uns instand setzen, einen Schritt neben uns selbst zu treten und uns nicht im Spiegel, sondern wirklich im Gegenüber zu sehen, auf eine gewisse Distanz. Sie helfen uns damit zu verstehen, daß das Leben immer wieder zu schwer ist, als daß wir es führen könnten, und daß wir es doch führen müssen und auch wollen: eben so wie es ist.

Daß ich in diesem Kreise zu Ihren Ehren, Herr Minetti, zu sprechen mich erkühne, ist eine Anmaßung. Denn ich bin in dieser Runde im Grunde am wenigsten dazu geeignet. So ziemlich alle meine Gäste sind auf die eine oder andere Weise vom Fach, und es sind Menschen, die zu meiner Freude Ihnen aus der Zusammenarbeit und aus der Hingabe an die gemeinsame Sache verbunden sind. Meine einzige Legitimation ist die, daß ich das Publikum vertrete, und das gehört zum Theater doch dazu. Oder nicht?

Gibt es denn Theater ohne Publikum? In der Tat, das gibt es. Es ist ja gar nicht jedes Stück für Publikum geschrieben, zum Glück.

Alle Kunst ist im strengen Sinn zunächst um ihrer selbst willen da. Es ist die Kunst, sich zu erkennen, sich zu verwandeln, sich zu erproben und sich preiszugeben, und das ist doch etwas höchst Persönliches. In diesem Sinne ist Spielen, wie mir scheint, nichts anderes, als in einem besonders ernsten, konzentrierten und verantwortlichen Sinn zu leben. Wer hat nicht selber mit naiver Ernsthaftigkeit als Kind gespielt und den heißen Wunsch gehabt, das Spielen fortzusetzen in das Erwachsenwerden hinein, Schauspieler zu werden? Die wenigsten können und schaffen es schließlich. Ich habe es auch nicht geschafft. Aber als Ersatz dafür bin ich eines mit Leidenschaft geworden und geblieben, nämlich Publikum im Theater.

Zur Ehre des Publikums sei es gesagt, auch Sie, Herr Minetti, sind ja nicht nur auf der Bühne zu sehen, sondern, was mir immer besonderen Eindruck gemacht hat, oft auch im Publikum. Häufiger als manche Ihrer Berufskollegen habe ich Sie im Publikum gesehen, und es hat mich sehr beeindruckt, mit welcher Hingabe Sie auch Publikum waren. Als Bestandteil des Publikums erlaube ich mir also, zu Ihren Ehren diese wenigen Worte zu sprechen.

Es ist, ich habe es ausgerechnet, immerhin 57 Jahre her, daß ich Ihr Spiel zum ersten Mal bewundert und mich von ihm habe verzaubern lassen. Diese Empfindungen haben sich seither immer weiter gesteigert im Lichte eigener gewachsener Lebenserfahrungen und eines vielleicht vertieften Verständnisses für die Reife und die Vollendung Ihrer Kunst.

Wenn ich nun an meine Rolle als Publikum denke,

dann fällt mir einer ein, der in dieser Runde schmerzlich fehlt, nämlich Thomas Bernhard. In seinem Stück «Der Schein trügt» heißt es: «Mich haben die Schauspieler immer interessiert, die bedeutenden. Allein über den Begriff des Vorhangs könnte ein Philosoph alt werden.»

Da ist er also, der mythische Begriff eines Theaterlebens, der Vorhang. Zunächst verhüllt er, dann entblößt er, am Ende scheint er der Gradmesser zu werden für Verständnis und Zustimmung. Der Vorhang ist es aber auch, der zeigt, daß am Ende zur Kunst des Theaters das Publikum dazugehört. Denn es geht im Theater um *sein* Leben, um das Leben, das das Publikum führt, und deshalb hat auch das Publikum sein tiefes Verhältnis zum Vorhang. Der Vorhang verhält sich zum Stück, man möge mir diesen Vergleich verzeihen, den ich nicht blasphemisch meine, manchmal wie Advent zu Weihnachten. Manchmal ist der Advent schöner, aber *nie* wenn Minetti spielt. Ein anderer hat gesagt, als er über den Vorhang geschrieben hat: «Der Vorhang geht auf, und Minetti ist da; das ist *immer* eine Freude.» Die Freude ist buchstäblich unbeschreiblich, unbeschreiblich groß und nicht zu erklären.

Darf ich mich noch einmal auf Thomas Bernhard berufen? In dem für Sie geschriebenen Stück «Einfach kompliziert» heißt es: «Was die Schauspielkunst ist? Die Leute fragen, wir antworten, aber wir wissen nichts.» Aber auch wenn wir das meiste nicht wissen, so haben wir doch ein Gefühl dafür, was groß ist. Wer hat es denn besser gewußt als Thomas Bernhard selbst, der Ihnen, der für Sie ganz persönlich drei

Stücke geschrieben hat! Wo gibt es in unserer Zeit noch eine derartige Auszeichnung?

Was mich vielleicht am meisten beeindruckt, lieber Herr Minetti, ist die Wahrhaftigkeit in Ihrer Schauspielkunst. Es kommt nicht vor, daß Sie eine menschliche Existenz, die Sie darstellen, verachten, welche es auch sein möge. Jeder Mensch hat seine Würde, unabhängig von seiner Leistung. Gewiß, wir alle – wo immer wir leben und sprechen und schreiben – wissen, daß das so ist. Aber daß es auch wahr ist, daß jeder seine Würde hat, das verstehe ich bei der Behandlung der Rollen durch Minetti.

Beim Höchsten und Schwersten, beim König Lear, ist man buchstäblich außer sich, wenn man es erlebt. Aber ist man denn weniger entzückt bei Ihrer Kunst in sogenannten kleinen Rollen? In einer von diesen kleinen Rollen Shakespeares, von denen ja irgendwo die großen Rollen Shakespeares leben, beim Barnardine in «Maß für Maß»: dieser Schurke, den Sie spielen, ist ein wahrer Mensch in der Würde seines Suffs. Mit Shakespeares Hilfe bringen Sie es fertig, uns dies erkennen zu lassen. Wir sind dann in diesem Moment, wie am Ende der Herzog auch, ganz auf seiner Seite.

Lassen Sie mich noch einen dritten Menschen nennen, den Sie gespielt haben und der mir auch ganz unvergeßlich geblieben ist, das ist der Arbeiter Quangel in «Jeder stirbt für sich allein». Seitdem ich diese Rolle gesehen habe, denke ich an die gewissenhafte Gestalt, die Sie diesem fast wortlosen Menschen gegeben haben. Mit dieser Ihrer Rolle verstehe ich besser als mit allen eigenen Erfahrungen, zeitgeschichtlichen Kenntnissen und Erlebnissen, worum es im Herzen des Menschen in jener Zeit des Unrechts ging.

Wahrhaftigkeit, so haben Sie einmal gesagt, ist gar nicht denkbar ohne Liebe, denn sonst würde sie bösartig. Sie sind ein Liebender. Und so sind Sie für alle Zeiten einer der Großen in der Kunst des Theaters und in der Kunst des Lebens.

Wenn Sie so freundlich wären, dann folgen Sie bitte meiner Aufforderung, sich von Ihren Plätzen zu erheben und Ihr Glas mitzuerheben und unser Geburtstagskind Bernhard Minetti hochleben zu lassen: Er lebe hoch, hoch, hoch!

Ein bißchen ist Thomas Bernhard noch dabei. Hier sind drei, sechs handgeschriebene Zettel von ihm für das Stück «Minetti». Für Sie.

GÄSTELISTE
HANS-GEORG GADAMER

Käte Gadamer
Prof. Dr. Helmut Engler
Prof. Dr. Hans Maier
OB Reinhold Zundel,
  Heidelberg
Prof. Dr. Wilhelm Anz
Prof. Dr. Werner Bahner
Prof. Dr. Gottfried Boehm
Prof. Dr. Rüdiger Bubner
Prof. Dr. Arthur Henkel
Prof. Dr. Hugo Ott
Prof. Dr. Paul Ricoeur,
  Chatenay
Prof. Dr. Gotthard Schettler
Prof. Dr. Volker Sellin
Prof. Arpad Szabo,
  Budapest

Dr. E. Graf von Westerholt,
  Budapest
Prof. Dr. Joe Flanagan,
  Boston
Bischof Prof. Dr. Dr.
  Karl Lehmann
Walter Helmut Fritz
Dr. Dr. h. c. mult.
  Heinz Götze
Dr. Rudolf Hirsch
Georg Siebeck
Eva Zeller
Henning Ritter, FAZ
Prof. Dr. Werner Weber,
  Zürich
Andrea Gadamer
Jutta Stöver

HANS-GEORG GADAMER
MITTAGESSEN AUS ANLASS DES 90. GEBURTSTAGES
VILLA HAMMERSCHMIDT, 21. FEBRUAR 1990

Meine Damen und Herren,
wir haben uns heute zu Ehren von Hans-Georg Gadamer hier versammelt, und dies ist, wie weit der Weg für jeden einzelnen auch gewesen sein mag, für jeden eine Freude.

Die meisten sind besser legitimiert als ich, Worte der Würdigung für Herrn Gadamer zu sprechen. Es gibt die familiäre Verbundenheit, die Freunde, die Kollegen und Schüler vom Fach. Aber ein Fach ist Ihre Wissenschaft ja eigentlich nicht. Sie ist gewiß hohe, höchste Wissenschaft, aber ebenso gewiß keine Spezialwissenschaft, die sich im Wege der modernen Arbeitsteilung von ein paar Experten für ein paar andere Experten erledigen läßt. Sie ist kein Fach, sondern ein Gesamtkunstwerk, vor dem auch ich als Laie mit Bewunderung stehe und das mich wie uns alle betrifft.

Erlauben Sie mir also ein paar Sätze als Laien, der spürt, daß dieses Lebenswerk und dieses Leben ihn wie uns alle angeht. Ich kann das nur von meinem eigenen Lebensweg her tun.

Ende des Zweiten Weltkrieges war ich 25 Jahre alt. Hinter uns lag eine Soldatenzeit, die uns in jungen Jahren manchmal eine menschlich größere Verantwortung zugewiesen hatte als wir sie später – in welchen Aufgaben auch immer – angetroffen haben. Ich begann zum zweiten Mal mit dem Studium in Göttingen. In einiger Hinsicht war man gereift, aber im übrigen ohne Kenntnisse, und wie ein trockener Schwamm sog man Informationen und Begegnungen mit der Welt des Wissens und der Kunst in sich auf. Zugleich aber, wie es bei jungen Menschen ja zu sein pflegt, war man eher rasch und rigoros im Urteil, rigoros vor allem im moralischen Urteil. Junge Menschen wollen ja nicht als Austauschmotor in ein vorfabriziertes Gehäuse eingebaut werden. Für sie fängt die Welt von neuem an. Das war 1945 erst recht so. Man war nicht primär aufgelegt, konziliant zu praktizieren, Kompromisse in ihrem Recht anzuerkennen. Weder die Praxis noch die Kunst des Verstehens war unsere ausgeprägteste Begabung.

Das galt nicht nur für die Zeitgeschichte. Ich war zwar Jurist, hospitierte aber gelegentlich auch in anderen Fakultäten, zum Beispiel bei der Evangelischen Theologie, die in Göttingen damals sehr interessant und belagert war. Da gab es die Alt- und Neutestamentler, die uns die Geschichte und die Botschaft der Heiligen Schrift mit Hilfe der Exegese vermittelten. Es gab die Systematiker, die über das Ganze dozierten und predigten. Das war nicht immer leicht verständlich wie zum Beispiel bei Friedrich Gogarten, aber es war anziehend und aufregend. Dann gab es eine Vorlesung, die Hermeneutik hieß. Ich gestehe, die Anziehungskraft dieser Lektion war bei uns etwas geringer. Sie erschien uns ein bißchen blutleer. Es zog uns wie junge Leute zumeist sozusagen direkt zur Substanz. Den Sinn für die Methode zu lernen erschien uns schwer. Es fehlten uns die notwendige Aufmerksamkeit und Anstrengung. Man wurde auf dem Gebiet eher etwas ungeduldig. Aber man kann ja auch als Student nicht gleich alles verstehen. Dann kamen schließlich die Jahre und ihre Erfahrungen mit Gott und der Welt und nicht zuletzt mit sich selbst. Wenn ich nun heute etwas von Ihnen, verehrter Herr Gadamer, lese oder über Sie höre und lese, dann beklage ich es, daß ich in jenen ersten fünf Nachkriegsjahren, die für meine Generation so prägend geworden sind, nicht bei Ihnen in Leipzig oder in Frankfurt habe hören können. Aber zum Glück haben es viele getan, und Sie haben es vielen zugänglich gemacht. Gerade diese Aufgabe haben Sie immer ganz besonders ernst genommen. Der Einfluß Ihrer Gedanken zeigt sich im Kreis und im Rahmen Ihrer zahlreichen hochangesehenen Schüler und die Wirkung Ihres Werkes und Wesens ist darüber hinaus im weiten Umkreis der Zeit spürbar – ohne Pathos, in großer Bescheidenheit und doch um so eindringlicher und überzeugender.

Ihre allgemeine Verstehenslehre ist tief und prägend vorgedrungen in die Bereiche der Literatur und Kunst, der beziehungsreichen Aufgaben der Naturwissenschaften und der Geisteswissenschaften und nicht zuletzt, sondern vielleicht in besonders bedeutungsvoller Weise, auch der Sozialwissenschaften. Wer wollte nicht beeindruckt und auch in seinem täglichen Werk beeinflußt sein von Ihrer Anleitung zur Kunst, die Meinung eines anderen zu verstehen? Es ist keine Beliebigkeit der Meinung und auch keine Erfüllung in bloßer Toleranz, sondern eine verantwortliche Präzision der Wahrnehmung.

Jede Wahrnehmung ist durch ein Vorverständnis geprägt, ob man sich dessen nun bewußt ist und seine Quellen kennt oder nicht. Es können, Sie haben darüber gearbeitet, auch Vorurteile sein, vielleicht sogar hilfreiche Vorurteile, wenn man es nicht so weit treibt mit der Verherrlichung des Vorurteils wie in meinem heutigen Beruf, dem des Politikers, in dem ja die Geborgenheit in Vorurteilen zur wacker geschützten Hauptquelle der eigenen Sicherheit geworden ist. In jeder Anstrengung des Verstehens liegt das Wagnis, die Gegenwart des eigenen Seins und Bewußtseins dem anderen auszusetzen, ihm zu begegnen und nicht nur ihn zu befragen, sondern sich auch selbst in Frage zu stellen. Oder, um es mit Ihren Worten zu sagen, der andere ist der Weg, wie man sich selbst erkennt.

Erlauben Sie mir noch einmal von meinem Beruf und Aufgabenfeld der jetzigen Zeit, dem der Politik, zu sprechen. Ich erinnere mich an kaum eine andere Phase in meiner Lebenszeit, die wie die jetzige Grund hat, sich Ihren Gedanken zu öffnen. Hier in Europa und in Deutschland stehen wir an einer Schwelle, wie sie die Geschichte nur ganz selten bietet. Um so größer sind die Anforderungen an ein höchstes Maß von Staatskunst. Diese erschöpft sich aber nicht in sorgfältigen Regierungsverhandlungen, sie muß geleitet sein von einer wachen Sensibilität für die historisch geprägten Empfindungen der Menschen, der Völker, der Nachbarn. Dort, wo alte und neue Einheit erwachsen kann, dort geht es um die Erkenntnis dessen, was jeder Teil als seine Lebenserfahrung, seine Last und Würde, als sein Selbstgefühl einbringen kann, damit das Ganze gesund werden und bleiben möge. Ganz gewiß hat auch ein demokratischer Wahlkämpfer seine Würde. Seine legitime und notwendige Funktion im freien Gemeinwesen aber, zumal in dieser so ganz exzeptionellen Herausforderung unserer Zeit, kann sich nicht in dem Ziel der politischen Vernichtung seines demokratischen Wettbewerbers erschöpfen. Sonst ist er seiner Zeit nicht gewachsen.

Sie, Herr Gadamer, stärken in mir und in uns die Erkenntnis der Notwendigkeit und die Zuversicht in die Kraft, Gräben zu überwinden, den Ängsten und Sorgen der anderen ein Verständnis entgegenzubringen. Dies ist aber auch zutiefst bedeutsam für die Erkenntnis der wahren eigenen Interessen. Denn so lernt man, sich selbst besser zu verstehen und so zum Ausgleich, zur täglichen Versöhnungspraxis ohne große Worte beizutragen. Von Ihnen geht ein Begriff des Verstehens aus, der mir wie das Zeichen der Verständigung erscheint.

Das ist etwas wahrhaft Großes. Dafür habe ich Sie in dieses Haus eingeladen, das unserem Gemeinwesen gehört, um Ihnen Achtung und Dankbarkeit zu bezeugen.

GÄSTELISTE
KARL DIETRICH ERDMANN

Dr. Sylvia Erdmann
Dr. med. Kurt Erdmann
Inge Erdmann
Prof. Theo C. Barker
Prof. Dr. Dr. Edgar
  Conrad Bonjour
Prof. Dr. Ernst Engelberg
Prof. Dr. Fritz Fellner
Prof. Dr. Aleksander
  Gieysztor, Warschau
Prof. Domokos Kosáry,
  Président du Comité
  National des Historiens
  Hongrois, Budapest
Prof. Bianca Valota
  Cavallotti, Mailand
Prof. Dr. Irmline Veit-
  Brause
Prof. Dr. Hellmut Becker
Dr. Neithard Bethke
Dr. Agnes Blänsdorf

Prof. Dr. Hans Booms
Dr. Marion Gräfin Dönhoff
Hildegard Elsner
Prof. Dr. Horst Fuhrmann
Dr. Monika von Hassel
Prof. Dr. Eberhard Jäckel
Michael Klett
Prof. Dr. Hermann Krings
Prof. Dr. Georg
  Meistermann
Prof. Dr. Wolfgang
  J. Mommsen
Prof. Dr. Joachim Rohlfes
Prof. Dr. Michael Salewski
Prof. Dr. Gesine Schwan
Prof. Dr. Hans-Peter
  Schwarz
Prof. Dr. Christoph Stölzl
Prof. Dr. Klaus Hildebrand
Frederic Delouche, Paris
Dr. Traute Petersen

Verehrte Gäste,

unsere Historiker dienen dem Verständnis von Geschichte. Damit dienen sie dem Ansehen unseres Landes. Das ist nicht immer leicht. Kein Land ist überall beliebt, erst recht nicht ein Land, das so viele Nachbarn hat wie wir. Um so wohltuender für uns ist das Ansehen unserer Historiker. Man kann ohne Übertreibung sagen, daß deutsche Geschichtswissenschaft in der Welt oft einen besseren Ruf hatte als deutsche Geschichte.

Das ist natürlich nicht deshalb so, weil sie versucht hätte, etwas gesundzubeten, oder weil sie in der Beschäftigung mit der Vergangenheit einen Vorwand für Nichtbeteiligung an den Fragen ihrer eigenen Lebenshaltung gesehen hätte. Ganz im Gegenteil – und dafür ist nun Karl Dietrich Erdmann das überzeugendste Beispiel!

Er ist immer ein besonders sorgfältiger, differenzierender Erforscher und kritischer Interpret historischer Quellen. Zugleich bezeugt er mit seinem Lebensweg, daß ein Historiker die oft verwirrenden Sinnzusammenhänge der Vielzahl geschichtlicher Ereignisse und Entwicklungen um so besser verstehen wird, je entschiedener er Anteil nimmt an den Fragen der Gegenwart, je bewußter und verantwortlicher er in seiner eigenen Zeit lebt.

Zwischen Geschichte und Politik bestehen, wie wir alle wissen, enge Wechselwirkungen. Unser Bild von der Geschichte besitzt großen politischen Einfluß, und Sie haben ja wohl auch Geschichte immer als politische Wissenschaft gekennzeichnet.

Leider gibt es aber auch den umgekehrten Versuch von den Politikern, das Geschichtsbild zu beeinflussen und das heißt: Geschichte für eigene politische Ziele zu mobilisieren, sie zu instrumentalisieren und sie zu ideologisieren. Nun ist der Politiker von Hause aus kein schlechterer Mensch als der Wissenschaftler. Auch für ihn gilt, daß sein Bewußtsein durch sein Sein bestimmt ist, und sein Sein in der Demokratie ist der Wettbewerb mit seinesgleichen. Sein Geschäft nötigt ihn, mit vereinfachten zündenden Argumenten Wirkungen zu erzielen und Zuversicht in eine Zukunft unter seiner eigenen Führung zu verbreiten.

Gewiß hat der Historiker auch Vorlieben, Meinungen und Wertungen, aber sein Sein ist durch die Bedingungen der Wissenschaft geprägt. Sie bieten einen eingebauten Zwang zur Differenzierung, zur Erkenntnis von Multikausalitäten, zum Respekt vor Fakten und – jedenfalls im allgemeinen – zur intellektuellen Redlichkeit. Der Historiker hat gelernt, den allzu großen Worten und Paradiesprognosen zu mißtrauen. Zugleich weiß er, daß die Geschichte in die Zukunft hinein immer offen ist und wir nicht ihre willenlosen Werkzeuge sind. Das bietet Zuversicht, und es verlangt Verantwortung. So habe ich Karl Dietrich Erdmann immer verstanden, und deshalb habe ich seine Wirkung stets als wahre Lebenshilfe in meinem politischen Beruf empfunden.

Unsere hier versammelten Gäste sind viel bessere Sachverständige als ich, um die Summe der überaus vielfältigen wissenschaftlichen Arbeiten unseres Jubilars zu ziehen. Aber ihre Wirkungen gehen doch tief ins allgemeine Laienbewußtsein. Seine deutsche Geschichte von 1914 bis 1950 im Gebhardt vermittelt uns die verständlichste nationale wie universalgeschichtliche Übersicht über diese so schwere Zeit. Die Kraft seines klaren Überblicks wird um so überzeugender anhand seiner minutiösen Arbeit an ganz konkreten, besonders strittigen und bedeutsamen Einzelthemen. Ich denke an die Riezler-Edition zur Kriegsschuldfrage und damit an Ihren klärenden Beitrag zu einem der großen, nicht weniger emotionalen als rationalen Historikerstreitfälle dieses Jahrhunderts.

Wenn ich es richtig verstehe, hat Professor Erdmann sich immer besonders engagiert dafür eingesetzt, die Beschäftigung mit der Geschichte in den Schulen und Hochschulen fest zu verankern. Das war in den letzten Jahrzehnten in unserem Land oft schwer genug aus den unterschiedlichsten, eigentlich nur in ihrer Kurzsichtigkeit übereinstimmenden Motiven. Aber wer selbst, wie Erdmann, mit soviel Sensibilität, mit klarer eigener Position, mit transparenter Argumentation und Weitsicht zu lehren weiß, für dessen Vorlesungen ist am Ende jeder Hörsaal zu klein.

Zahlreich sind die Beispiele Ihrer aktiven Beteiligung an dem, was in der evangelischen Kirche «die öffentliche Verantwortung» genannt wird. Man darf diesen Begriff bei der Würdigung eines Kölner rechtsrheinischen Lutheraners wohl verwenden. Mir kommt dabei Ihre Stellungnahme zu der Denkschrift der Kammer für öffentliche Verantwortung der EKD in den Sinn, die diese Kammer zur Aussöhnung mit unseren polnischen Nachbarn im Jahr 1965 herausgegeben hat, und der Sie Ihre öffentliche Unterstützung geliehen haben.

Aus Ihrer eigenen Anteilnahme an den öffentlichen Aufgaben will ich zwei Beispiele nennen: das eine ist Ihre Beteiligung an der Kommunalpolitik. Sie erfolgte, wie ich vermute, aufgrund Ihrer dem Freiherrn vom Stein folgenden Erkenntnis, daß es die kommunale Selbstverwaltung ist, die besser als alles andere zum Kern der Politik hinführt, nämlich zu ihrem menschlichen Gehalt.

Das zweite Beispiel ist Ihre integrierende und inspirierende Arbeit als Vorsitzender des Bildungsrates von 1966 bis 1970. Was dort geleistet wurde durch Sie und Ihre Kollegen ist vielleicht die bisher einzige gesamtstaatliche Denkarbeit von Rang in der deutschen Nachkriegszeit. Die Kontroversen waren gewaltig und sind es geblieben. Aber das ändert doch nichts an der Notwendigkeit, verbindlich zusammen zu denken. Wie nötig wäre dies auch heute! Ihnen, Herr Erdmann, ist es gelungen, die politischen Gegensätze im Bildungsrat zur Kapitulation vor der Intensität und Qualität Ihrer Arbeitsweise zu nötigen und ein Arbeitsergebnis von einer gedanklichen und sprachlichen Klarheit vorzulegen, das bis heute weiterwirkt. Es ist ein wahres Wunder.

Sie haben in Ihrer deutschen Geschichte dieses Jahrhunderts und in anderen Arbeiten fundamentale Gedanken zur Entwicklung der Nation, zu ihren Grenzen und ihrer unersetzlichen Aufgabe zur Diskussion gestellt. Es reizt natürlich ungemein, Sie im Lichte der heutigen Entwicklung um eine improvisierte After-Lunch-Vorlesung zu dieser Frage zu animieren. Aber ich will hier von mir aus keinen Exkurs in die heutigen großen Themen einleiten oder anregen. Es wäre schon einiges gewonnen, wenn wir Politiker nicht den Begriff des Historischen jeden zweiten Tag für unsere eigenen Taten usurpierten, sondern ihn auf die wahrhaft großen Optionen und damit Herausforderungen an uns konzentrierten und auf die tiefe verantwortliche Gedankenarbeit, die die Zeit erfordert, und die man nicht als Nachtisch absolvieren kann.

Was auch immer die Völker in ihren Nationen erkennen, es geht für sie darum, die Kraft zur übernationalen Zusammenarbeit zu finden, ohne die sie keine einzige nationale Aufgabe von Rang werden lösen können. Dafür haben Sie, Herr Erdmann, unter den Historikern der Welt gewirkt.

Ihr Ansehen hat Sie an die Spitze des Internationalen Verbandes der Geschichtswissenschaft geführt und seinen großen weltweit bedeutsamen Kongreß im Jahre 1985 – nach achtzigjähriger Unterbrechung – wieder auf deutschen Boden gebracht. Ihr Begriff von der Ökumene der Historiker, den Sie schon früher benutzt und erläutert hatten, beeindruckt mich besonders.

Ökumene deutet an, daß wir alle gemeint sind, daß wir religiös und geistig, sozial und politisch gespalten sind – das ist unser ökumenisches Problem –, und daß wir dennoch ein gemeinsames Schicksal und daher eine gemeinsame Verantwortung haben – das ist unsere ökumenische Aufgabe. Es bedeutet Dialog ohne Unterwerfung und Sieg, Treue zu sich selbst, gegenseitigen Respekt, Zusammenarbeit verantwortlicher Positionen.

Gerade komme ich aus Polen zurück. Und dort habe ich die Fruchtbarkeit dieses Gedankens dankbar verspürt, als Ministerpräsident Mazowiecki die Aufgabe unserer Zeit mit den Worten beschrieb, wir müßten uns um eine ökumenische Gesellschaft bemühen.

Wenn ich an die klare und noble Gestalt Karl Dietrich Erdmanns denke, wenn ich mir sein Leben und Wirken vor Augen führe, dann verstehe ich und glaube ich an unsere ökumenische Aufgabe.

GÄSTELISTE
MAX SCHMELING

Willi Daume
Dr. h. c. Berthold Beitz
Frau Beitz
Fritz Thiedemann
Uwe Seeler
Fritz Walter
Hans Frömming
Hein ten Hoff
Heinz Rühmann
Frau Rühmann
Ludwig Maibohm
Frau Maibohm
Harry Valérien
Prof. Alfons Gerz
Steffen Haffner, FAZ
S. D. Herzog Carl
   von Croy
I. D. Herzogin von Croy
Dr. Klaus Asche
Frau Asche
Claus Agte
Frau Agte

Heinz Wiezorek
Frau Wiezorek
Herbert Woltmann
Frau Woltmann
Friede Springer
Aenne Burda
Ivar Buterfas
Klaus Mäurers
Frau Mäurers
John Jahr jr.
Frau Jahr
Alfons Lütticke
Frau Lütticke
Joachim Stoltenberg,
   Berliner Morgenpost
Dieter Dose,
   Die Welt
Rudolf Augstein
Dr. Heiner Geißler,
   MdB
Wolfgang Käppler
Frau Senator Volkholz

Liebe Gäste und Freunde,
es ist ein unvorstellbarer Traum meiner eigenen
Kindheit, Gastgeber der beiden Menschen zu sein, an
die ich die lebendigste Erinnerung habe: Max Schmeling und Heinz Rühmann sind die Idole meiner Jugend. Ich danke Ihnen, daß Sie gekommen sind.
Heute gilt unser Beisammensein Ihnen, Herr Schmeling. Wir gratulieren Ihnen nachträglich zu Ihrem Geburtstag. Meine Frau und ich sind Ihnen herzlich
dankbar, daß Sie in diese kleine Nachfeier eingewilligt haben.
Ihre großen Leistungen, die die Welt bewegten, lie-
gen nun, was die sportliche Seite anbetrifft, über
fünfzig Jahre zurück. Damals begann die Welt gerade
nachrichtentechnisch ein großes Dorf zu werden.
Atemlos verfolgten die Menschen in Europa, darun-
ter auch ich im jugendlichen Alter, nachdem sie sich
nachts hatten wecken lassen, die Radioberichte über
Ihre Kämpfe. Etwas, was man nicht sieht, aber
durchs Radio hört, erzeugt keine geringere Spannung. Nichts gegen Fernsehen, aber es war damals
gewiß nicht weniger aufregend, diese Dinge zu ver-
folgen.
In dieser Medienwelt war Max Schmeling aufgrund
seiner überragenden Leistung der erste ganz große

Stern. Aber die Medienwelt pflegt ihre Stars gnadenlos zu verschleißen. Das eigentliche Wunder, fast möchte ich sagen, die größte Leistung Max Schmelings ist, daß er diesem Prozeß des Verschleißens zum Trotz von seinem Ruhm nichts eingebüßt hat. Bei den nachgewachsenen Generationen, die keinen seiner Kämpfe miterlebt haben, steht er unvermindert in höchstem Ansehen.

Max Schmeling ist im Herzen der Menschen jung geblieben wie in seinem eigenen Herzen. Dazu beglückwünsche ich uns alle, denn es ist unser Gewinn. Dafür danke ich Ihnen, Herr Schmeling. Sie sind eine wahrhaft große Persönlichkeit. Sie vereinen Charakter und Klarheit, Eigenständigkeit und Verstand, die Fähigkeit zur Freude und zur Freundschaft, zur Freundschaft auch mit Gegnern. Sie verbinden in Ihrer Person die zuverlässige Kraft zur Gewissenhaftigkeit, den Humor und – allem Ruhm zum Trotz – die Bescheidenheit.

Mit mir, so denke ich, freuen sich alle unsere Gäste. Ich denke unter ihnen gerade auch an die Sportler, deren eigene überragende Leistung durch ihr vorbildliches menschliches Wesen begründet wurde und fortlebt. Es bedeutet unendlich viel, diese Kontinuität des Vorbildes in einer raschen und schnellebigen Zeit lebendig zu erhalten. Ich möchte auch den Medien dafür danken, wenn sie der jungen Generation helfen, sich an solchen Vorbildern zu orientieren.

Ich freue mich, daß wir uns heute hier in Berlin versammelt haben: im vereinten Berlin. Herr Schmeling, in Ihren Lebenserinnerungen steht auf Seite 45 etwas Herrliches. Sie schildern Ihre Zeit im Rheinland, in Köln. Und dann kommt folgender Satz: «Ich beschloß, aus Köln wegzugehen, meine Wahl fiel auf Berlin». Meine Damen und Herren, das ist ein Zitat nicht von mir aus dem Jahr 1990, sondern von Max Schmeling aus dem Jahre 1926. Aber ich habe immer schon seine Weitsicht bewundert.

Ohne daß es mir zusteht, möchte ich ein wenig Buchwerbung betreiben und diese Lebenserinnerungen Ihnen zur Lektüre wärmstens empfehlen. Sie sind ebenso sympathisch wie interessant. Sie sind eine wahre Kulturgeschichte Berlins in den zwanziger und dreißiger Jahren. Der enge Kontakt, der Austausch von verschiedenen Berufen, die großen Sportler im Zentrum der Kultur – Fritz Kortner soll bei Ihnen Boxstunde gehabt haben –, die Nachbarschaft zu Willy Forst, Georg Kolbe und Ringelnatz, dies alles wird hier lebendig.

Erlauben Sie mir, auch Ihrer unvergessenen verehrten Frau Anny Ondra zu gedenken und Ihrer 54 glücklichen Ehejahre.

Bleiben Sie, lieber Herr Schmeling, wie Sie sind. Erfreuen Sie sich an der Freude, die Sie uns machen.

GÄSTELISTE
TEDDY KOLLEK

Tamar Kollek
Ruth Cheshin
Dr. Micha Cheshin
S. E. Botschafter a. D.
  Yohanan Meroz, Israel
Frau Meroz
S. E. Botschafter
  Benjamin Navon, Israel
Dr. Sabine Bergmann-Pohl
Herr Bergmann
OB Manfred Rommel
Frau Rommel
Ministerpräsident
  Dr. Bernhard Vogel
Erik Blumenfeld
Frau Blumenfeld
Prof. Dr. Hans L. Merkle
Prof. Dr. Bernhard
  Servatius
Ingeborg Servatius
Prof. Dr. Hellmut Becker
Antoinette Becker
Reinhard Mohn
Frau Mohn
Prof. Dr. Klaus Ritter
Dr. h. c. Heinz Galinski
Ruth Galinski
Prof. Dr. Rolf Liebermann
Hélène Vida-Liebermann

Wolf Jobst Siedler
Frau Siedler
Prof. Ernst Cramer
Marianne Cramer
Alfred Joachim Fischer,
  Neue Zeitung
Eva Fischer
Werner Holzer
Rudolf Radke
Dr. Hermann Rudolph,
  Der Tagesspiegel
Manfred Schell
Herr Bruno Waltert,
  Berliner Morgenpost
Yekutiel Federmann
Frau Federmann
Stephen Floersheimer
Karl Kahane
Agnès Rein
Anselm Kiefer
Hermann Mayer
Irina Pabst
Yvonne Rothschild
Lord Jacob Rothschild
Lady Serena Rothschild
James C. Slaughter
Frau Slaughter
Friede Springer
Lord George Weidenfeld

Liebe Gäste,
meine Frau und ich möchten Sie alle herzlich willkommen heißen. Wir danken Ihnen, daß Sie weite
Wege zurückgelegt haben, um nach Berlin zu kommen. Sie tun es, damit wir gemeinsam Teddy Kollek
ehren können. Zusammen wollen wir uns zu seinem
Lebenswerk bekennen und – jeder, so gut er es von
seinem Platz aus kann – ihm dabei mit allen unseren
Kräften helfen.

Unsere Freude ist groß, daß Sie, unser lieber und
hochgeschätzter Freund, zusammen mit Ihrer verehrten Frau zu uns nach Berlin gereist sind, um mit uns
den Reigen der Freundestreffen zu eröffnen, die in ein
paar Wochen, am 27. Mai, zur Feier Ihres achtzigsten
Geburtstages ihren Höhepunkt finden werden.

Bürgermeister zu sein, das ist ein strapaziöses und ein
schönes Amt. Es ist ohnegleichen unter den Aufgaben, die die Politik stellt. Denn wie kein anderes verbindet es die menschliche Nähe zum Nachbarn mit
der Verantwortung für sein Wohl.

Aber Bürgermeister von Jerusalem zu sein, das bedeutet, die größte und die schwerste Herausforderung auf sich zu nehmen, die irgendein Rathaus der
Welt heute an einen Menschen stellen kann. Seit bald
26 Jahren tragen Sie diese Verantwortung. Ihr Ziel ist

es, Jerusalem, die Wiege der Menschheit, auf humane Weise zusammenzuhalten. Jeder soll dort Achtung für seine Würde, sein Menschenrecht und seinen Glauben dadurch finden, daß er bereit ist, diese Achtung auch seinen Mitbürgern entgegenzubringen.

Aber die Menschen sind, wie sie sind. Im Glauben der anderen wittern viele von ihnen eine Verhöhnung ihrer eigenen Gefühle. Wahrheit erscheint ihnen oft als persönlicher Besitz und als Waffe gegen die anderen. Aus Angst voreinander werden sie aggressiv. Man steigert sich gegenseitig hinein.

Jerusalem ist uns allen heilig. Wann werden wir es lernen, dieses Zentrum unserer Welt zu schützen, indem jeder dazu beiträgt, daß es nicht wieder geteilt wird und daß es ungeteilt offen bleibt für alle? Eine übermenschliche, täglich neue, allen Rückschlägen zum Trotz unverdrossene Kraft und Zuversicht ist notwendig, um dieses Ziel zu erreichen.

Teddy Kollek, der Bürgermeister von Jerusalem, gibt uns dafür das Beispiel. Unermüdlich, mit immer frischem Mut arbeitet er für Aussöhnung der Menschen und für Frieden untereinander. Er ist voller Ungeduld und hat doch für jeden Zeit. Er verkörpert die Toleranz, die aber auf eigenen tiefen Überzeugungen beruht. Rastlos und unerbittlich in seinen Anforderungen an sich selbst verkämpft er sich für eine Politik der Mäßigung.

Jerusalem ist für uns nicht nur die einzigartige viertausend Jahre alte Stadt mit ihrer Natur und ihrer Geschichte, ihrem Geist und ihrem Licht ohnegleichen. Was in Jerusalem verfehlt wird oder was dort gelingt, ist exemplarisch für uns alle. Deshalb geht es in

Teddy Kolleks Werk im letzten Kern um unser aller Zukunft. Darum meine ich, daß wir hier zusammen sind, nicht nur um ihm unsere dankbare Freundschaft zu bekunden, sondern um uns zu seiner Sache zu bekennen.

Sie sind ein Mann des Ausgleichs, und deshalb finden Sie auch hier einen Kreis von Menschen versammelt, der ganz gewiß nicht in jeder Frage, wohl aber Ihnen gegenüber vollkommen einig ist. Jeder von uns hat seine eigenen ihm unvergeßlichen Erfahrungen mit Ihnen, so auch ich.

Ich denke an einen Gang an Ihrer Seite durch die Altstadt von Jerusalem vor Jahren, an einem Ostersonntagmorgen. Ohne Schutz und ohne jeden Aufwand gingen Sie durch die Straßen und Gassen. Die Menschen aller Schichten kamen zu Ihnen und begrüßten Sie auf die allernatürlichste und herzlichste Weise. Es war wie eine Großfamilie, die weiß, daß sie aufeinander angewiesen ist, daß es schwer ist zusammenzuleben, daß aber der Mann, den sie da begrüßt, für sie sorgt, mit der unausgesprochenen Autorität eines Propheten und zugleich mit der Herzenswärme eines wahren Familienvaters. Es hat mir einen tiefen und unauslöschlichen Eindruck gemacht.

Damals habe ich, wie ich glaube, verstanden, was der ägyptische Präsident Anwar El Sadat meinte, als er Sie den besten Bürgermeister der Welt nannte. Menschliche Führung und Fürsorge braucht ein Gemeinwesen. Beides zu geben, liegt in Ihrer Natur. Und so begann eigentlich schon 1935 Ihr erwachsenes Leben in britischer Mandatszeit, als Sie mit Freunden am Ostufer des Sees Genezareth einen Kibbuz gründeten und sofort der Muchtar wurden, das Dorfoberhaupt.

Ganz wesentlich verdankt der Staat Israel sein Wiedererstehen der Entschlossenheit, der Tatkraft und dem Widerstandsgeist der frühen Ankömmlinge. Mit kaum vorstellbarer Energie hat sich Ihr Staat sein Existenzrecht errungen. Sie gehören zu denen, die diesen Kampf mit aller Leidenschaft führen, die aber immer auch mahnen, keine Zuflucht im Terror zu nehmen, sondern die Rechte und Überzeugungen der anderen zu respektieren. Zionismus in der Achtung vor arabischer Würde und Menschlichkeit zu verwirklichen, dafür bieten Ihre Initiativen in Jerusalem den Anschauungsunterricht.

Uns allen steht auch Ihre kühne und segensreiche Tätigkeit vor Augen, die Sie in Europa geleistet haben, um jüdischen Widerstand gegen den Nationalsozialismus zu stärken und Mitmenschen aus dem Inferno zu retten. Ihre Aufbauarbeit im Staate Israel hat später ungezählte Deutsche, vor allem immer wieder unsere Jugend, angezogen. Sie sind in Ihr Land gekommen, um mitzuarbeiten, um die unfaßliche Geschichte unseres Jahrhunderts zu verstehen, um als Deutsche zu lernen, der Wahrheit ins Auge zu sehen und sie nicht zu vergessen, und um die Konsequenzen für die eigene Lebenszeit zu ziehen.

Deshalb läßt sich auch mit Worten das schamvolle Entsetzen hierzulande kaum beschreiben, als während des Golfkrieges ans Tageslicht kam, daß gewissenlose Geschäftemacher aus Deutschland den irakischen Diktator auf schreckliche Weise mit ausgerüstet hatten und daß nun Bürger des Staates Israel gezwungen waren, sich mit Gasmasken auszurüsten, um gegen Raketen und chemische Waffen geschützt zu sein, zu denen Lieferungen aus Deutschland beigetragen hatten. Fast alle Länder der UNO-Koalition hatten an der Aufrüstung des Irak mitgewirkt. Aber wer wollte verkennen, daß es im Angesicht der Verbrechen dieses Jahrhunderts etwas gänzlich anderes ist, wenn Bedrohungen gegen Israel mit Hilfe von Ausrüstung aus deutschen Fabriken zustande kommen? Das hat uns tief getroffen.

Heute abend will ich nicht mehr auf die weitere politische Entwicklung nach dem Ende des Golfkrieges eingehen. Letztes Endes werden Verhandlungen nur dann fruchtbar und Lösungen nur erreichbar sein, wenn sie aus der Region selbst erwachsen. Das Judentum unserer Zeit ist vom unauslöschlichen Grauen des Holocaust geprägt. Für das neue Israel hat es zum Überlebenskampf geführt, und wir stehen an seiner Seite. Dabei wird die aktive Suche nach Wegen harmonischen Zusammenlebens mit der arabisch-islamischen Umgebung notwendig. Sie wird zur ethischen und zur politischen Stärkung für das Überleben führen. Dafür setzt sich Teddy Kollek täglich wie kein anderer ein.

Er tut es in den großen Fragen seines Staates und seiner Region. Zugleich aber kennt und pflegt er die entscheidende Rolle der Kultur, der Bildung und der sozialen Arbeit in seiner eigenen Stadt.

Die Jerusalem Foundation ist mit ihrer Tätigkeit eine Quelle verantwortungsbewußter Humanität. Das arabische Gesundheitszentrum, an dem der Bürgermeister mit unerschöpflicher Energie arbeitet, widerlegt jeden resignativen Kleinmut. Im Mischkenot Scha-ananim versammeln sich Menschen aus aller Welt, und sie sind dort vielleicht dem Weltgeist näher als irgendwo anders. Auch das ist Teddy Kolleks Werk.

Jeder wird es im Gedächtnis behalten, der einmal mit dem Bürgermeister durch das Israel-Museum in Jerusalem gegangen ist. Wenn es doch nur alle sehen könnten! Es macht Leben und Leiden und Hoffnung und Kultur der Menschen auf einzigartige Weise verständlich.

Kultureller Austausch festigt unsere Freundschaft. Dafür gibt es herausragende Beispiele. Auf der BiNATIONALE in Düsseldorf präsentierten sich Anfang dieses Jahres israelische Künstler in einer großen Ausstellung. Der erste Lehrstuhl für Jiddisch wurde an der Universität Trier eingerichtet. Israelische Literatur wird vermehrt übersetzt. Das Franz-Rosenzweig-Institut für deutsch-jüdische Literatur und Kulturgeschichte hat an der Hebräischen Universität seine Arbeit aufgenommen. Ganz besonders freue ich mich, daß nun eine Ausstellung über eine Blütezeit deutscher Malerei in diesem Jahrhundert, der «Brükke», im Israel-Museum zustande gekommen ist. Und allen, die zu diesem großen Projekt so energisch und erfolgreich beigetragen haben und heute abend bei uns sind, danke ich dafür von Herzen.

Es gibt aber auch noch viel Gutes zu tun. Bisher fehlen breitere Angebote zur Begegnung für Nichtakademiker. Wir wünschen uns mehr israelische Filme in deutschen Kinos. Denn gerade Ihre jungen Filmemacher können hervorragende Einblicke in die wirklichen Probleme des Landes vermitteln. Die deutsche und die israelische Friedensbewegung haben jeweils auf das eigene Land bezogene unterschiedliche Voraussetzungen, worauf zuletzt vor allem Amos Oz verwiesen hat; das gilt es, wechselseitig besser zu verstehen und sich dadurch vielleicht auch selbst zu verwandeln.

Teddy Kollek ist immer in Bewegung, um dem Frieden zu dienen. Er ist in seiner Person eine Friedensbewegung. Zugleich gewährt er wie ein fest verwurzelter Baum den Menschen Schutz unter seiner weit ausladenden Krone. Ein isarelischer Lyriker, David Rokeah, hat ein Lied gedichtet, als wäre es für den Bürgermeister von Jerusalem geschaffen. «Eine Pinie sein», so ist es überschrieben, und sein Text lautet:

> Eine Pinie sein in Jerusalem.
> Eine Antenne für Stimmen
> die zurückkehren aus dem Weltall.
> Eine Säule von grünem Feuer
> in Kreidezonen.
> Eine Pinie sein. Harz speichern
> für Tage der Bedrängnis.
> Sich sträuben wie ein Igel.
> Eine Pinie sein auf dem Scopusberg.
> Herunterblicken Stufe um Stufe
> bis zum Toten Meer.

Bei Ihnen, lieber und verehrter Freund, ist die Zukunft Jerusalems gut und gewissenhaft aufgehoben. Wir wünschen Glück für Ihre Gesundheit und Ihr segensreiches Wirken.

GÄSTELISTE
HERMANN JOSEF ABS

Bundeskanzler
  Dr. Helmut Kohl
Ministerpräsident
  Johannes Rau,
  Nordrhein-Westfalen
Dr. Volker Hauff
Dr. Georg Leber
Dr. Marcus Bierich
Anne Liese Henle
Traudl Herrhausen
Hilmar Kopper
Prof. Dr. Hans L. Merkle
Dr. Heribald Närger
Karl Otto Pöhl
Edzard Reuter
Dr. Hanns Christian
  Schroeder-Hohenwarth
Heinrich Weiss

Werner Wirthle
Bischof D. Dr.
  Hermann Kunst DD
Bischof Prof. Dr.
  Karl Lehmann
Peter Serkin, New York
Manfred Schell
Edgar R. Abs
Jorinde Abs
Dr. Karl J. Ehlen
Marion Claude
Prof. Dr. Thomas Ehlen,
  Vancouver
Marianne Feilchenfeldt,
  Zürich
Robert von Mendelssohn
Dr. Otto Schäfer
Frau Schäfer

Meine Frau und ich danken Ihnen, lieber Herr Abs, daß Sie unsere Einladung angenommen haben. Wir danken Ihren Familienangehörigen, daß sie mit Ihnen gekommen sind und uns die persönliche Atmosphäre gewähren, die einen Geburtstag doch erst ausmacht. Zusammen mit Ihrer Familie denken wir heute besonders an Ihre verehrte liebe Frau.

Dankbar verbunden sind wir Ihnen dafür, daß Sie uns in den Stand setzen, diesen illustren Kreis von Gästen herzlich willkommen zu heißen, der zu Ihren Ehren hier versammelt ist, von Ihnen, lieber Herr Bundeskanzler, aus der unmittelbaren Nachbarschaft bis über den Ozean zu Ihnen, verehrter Herr Serkin.

Unser Jahrhundert umschließt für uns Deutsche und unsere Nachbarn schweres Leid. Wir haben aber auch erlebt, wie aus der Finsternis neue Kräfte erblühen, wie Anstand und Zuversicht und gutes Gelingen gedeihen können. Dies haben wir vor allem erfahren, weil Menschen zur rechten Zeit am Werk waren, die wußten, worum es ging.

Ihr Name, lieber Herr Abs, gehört in den ganz kleinen Kreis dieser Menschen, an die wir alle denken, wenn wir uns dankbar unserer Geschichte seit dem Ende des Zweiten Weltkrieges bewußt werden. Sie kennen wie kaum ein zweiter die Ambivalenz der menschlichen Natur. Sie sind ein Meister in der Differenzierung. Sie mögen es nicht, wenn Menschen keinen Sinn für Nuancen haben. Und doch sind es ganz einfache, klare und daher große Eigenschaften, die Ihr Denken und Handeln prägen.

Das erste ist die souveräne Unabhängigkeit, die Ihr Wesen stets gekennzeichnet hat. Wo es ratsam ist, leihen Sie jedem Ihr Ohr, doch keinem gewähren Sie ungebührlichen Einfluß. Niemand kann sich Ihrer gewinnenden Liebenswürdigkeit entziehen, doch die Achtung vor dem Menschen verbietet es Ihnen, dem anderen eine Vertrautheit aufzudrängen. Sie wissen, daß es zur Humanität gehört, Distanz wahren zu können.

Ihre Unabhängigkeit hat Sie zum Vorkämpfer des notwendigen Ausgleichs werden lassen. Immer wieder ist Ihre führende Mithilfe dafür erbeten worden, nicht nur als elfter oder einundzwanzigster Mann in mitbestimmten Aufsichtsräten. Sie treten nicht für den Ausgleich um seiner selbst willen ein. Vielmehr sind Sie ein Vorkämpfer auf der Suche nach der sachlich gebotenen besten Lösung der Sache selbst. Deshalb ist Ihr Bemühen um Konsens von Festigkeit geprägt. Ohne Kompromisse geht es aber nicht, und wer sie finden will, muß immer wieder neue Einfälle haben. Sie verfügen über die konzeptionelle Phantasie, die die Menschen aus festgefahrenen Lagen ablenkt und befreit. Sie können auf den Konsens lossteuern, weil Sie ein überzeugendes Gefühl für Balance und Gerechtigkeit besitzen, das Ihnen die notwendige Autorität verleiht.

Einen weiteren Wesenszug habe ich stets darin gesehen, daß Sie fest und liebevoll in Ihrer eigenen Heimat verwurzelt sind und eben darin zugleich eine bezwingende Weltoffenheit zu begründen wissen. Ihre großen Taten beim Wiederaufbau des geschlagenen und zerstörten Landes sind uns allen vertraut. Sie stellten sich der Aufgabe, die Kräfte zu Hause neu zu beleben und dies durch Wiederanknüpfung der Verbindungen zur Außenwelt möglich zu machen.

Mit der Kreditanstalt für Wiederaufbau brachten Sie die weitsichtige Marshallplan-Hilfe dorthin, wo sie nachhaltig Früchte tragen konnte. Mit dem Londoner Schuldenabkommen haben Sie entscheidende Grundlagen für die Souveränität der Bundesrepublik Deutschland gelegt. Sie haben uns den Weg geebnet, Teilhaber der freien Welt zu werden.

Welch eine unglaubliche, bis heute fortdauernde, täglich spürbare Leistung!

Manchmal denke ich, wie schade, daß Maynard Keynes nicht mehr Ihr Zeitgenosse und Verhandlungspartner war. Sonst hätte er über Sie, analog seinem wundervollen Essay über Carl Melchior, der Nachwelt übermittelt, wie Sie Ehre für Ihr Land eingelegt und Ansehen für uns gewonnen haben: als ein Mann von bestimmendem Einfluß, von unübertroffener Zuverlässigkeit in seinen Zusagen, seiner Diskretion und seinem Gedächtnis, von einer für uns Deutsche nicht eben sprichwörtlichen Leichtigkeit im internationalen Umgang, aber das alles eben als ein Mann, der die Welt mit einer Urbanität überzeugt, die den Patrioten erkennen läßt.

Von kaum geringerem Gewicht als Ihre Arbeit in der

Wirtschaft und der maßgeblichen Politikberatung waren Ihre Beiträge zum geistig-kulturellen Wiederaufbau. Ihre Liebe zur Musik und zur Mathematik ist oft geschildert worden. Von Ihrer frühen Förderung der Ansbacher Bachwochen, wo ich Ihnen zum ersten Mal begegnete, bis zum herrlichen Kammermusiksaal beim Beethovenhaus, den Ihre Geburtsstadt Bonn Ihnen verdankt, haben wir die Zeugnisse Ihrer Wirksamkeit vor Augen. Dem Städel in Frankfurt am Main haben Sie zu seinem Elsheimer Altar verholfen. Im Freien Deutschen Hochstift sorgten Sie für Impulse zu den Editionen von Hofmannsthal, diesem europäischen Humanisten, Christen und Weltmann wie Sie. Niemand wird Ihre unvergleichliche Aktion vergessen, um aus dem Nachlaß von Robert von Hirsch das Evangeliar Heinrichs des Löwen und andere gänzlich unersetzliche Werke deutscher Kunst für öffentlich zugängliche deutsche Sammlungen zu erhalten. Und zu meinen eigenen größten Freuden als Berliner Bürgermeister gehörte Ihr entscheidendes Eingreifen, um das vielleicht schönste europäische Gemälde des 18. Jahrhunderts, das Watteausche «Embarquement pour Cythère», für Berlin zu erhalten.

Wie vielleicht kein anderer aus den tätigen Berufen der Politik und Wirtschaft haben Sie uns Deutschen geholfen, den Respekt und die Liebe zu unserer Kunst und Kultur wiederzufinden und sie als einen unentbehrlichen Bestandteil des täglichen Lebens zu erkennen.

Vieles könnte ich noch nennen und bliebe doch stets hinter dem Bild des Ganzen zurück. Bekanntlich gibt es auch unzählige Geschichten und Anekdoten über

Sie und von Ihnen. Und da Sie auch die gewinnende Freundlichkeit haben, uns an Ihrer eigenen Freude über Witze und Spitzen und Pointen teilhaben zu lassen, hat jeder in diesem Kreis seine eigenen Erlebnisse mit Ihnen in bester Erinnerung. Dennoch bleibt das Entscheidende für jeden, der Ihnen begegnet, Ihr Wesen im ganzen, noch ehe etwas gesprochen ist.

Der liebe Gott hat es gut mit Ihnen gemeint. Und dank Ihres Wesens und Wirkens hat er es gut mit uns gemeint. So möchte ich Ihnen im Namen aller Gäste hier und kraft meines Amtes für unser ganzes Land zu Ihrem neunzigsten Geburtstag Dank und Achtung sagen und Glück und Segen wünschen.

Helene Holzamer

Gisela Bausch

Regierender Bürgermeister
Eberhard Diepgen, Berlin

Oberbürgermeister a. D.
Jockel Fuchs

Dr. Peter Glotz, MdB

Karl-Günther von Hase

Bundesminister
Rudolf Seiters

Ministerpräsident
Dr. Bernhard Vogel,
Thüringen

Prof. Dr. Willi Daume

D. Klaus von Bismarck

Prof. Dr. Elisabeth
Noelle-Neumann

Inge Meysel

Anneliese Rothenberger

Hans Abich, ARD

Gerhard Bacher, ORF

Dr. Manfred Buchwald,
Saarländischer Rundfunk

Heinz Bühringer

Dr. Helmut Drück, RIAS

Hermann Fünfgeld, SDR

Edmund Gruber,
Deutschlandfunk

Reinhard Grätz, MdL

Peter Gärtner-Bara,
Stuttgarter Nachrichten

Werner Hess, Hessischer
Rundfunk

Marianne Heuwagen,
Süddeutsche Zeitung

Willibald Hilf,
Südwestfunk

Hans-Rüdiger Karutz,
Die Welt

Prof. Dr. Hartwig Kelm,
Hessischer Rundfunk

Karl-Heinz Klostermeier,
Radio Bremen

Kirsten Lehmkuhl,
Berliner Morgenpost

Lothar Loewe

Dr. Günther von Lojewski,
SFB

Dr. Ralf Neubauer,
Stuttgarter Zeitung

Friedrich Nowottny, ARD

Dr. Udo Reiter,
Mitteldeutscher
Rundfunk

Dr. Ralf Georg Reuth, FAZ

Dr. Hansjürgen Rosenbauer,
Ostdeutscher Rundfunk

Dr. Hermann Rudolph,
Der Tagesspiegel

Prof. Albert Scharf,
Bayerischer Rundfunk

Dr. Peter Scholl-Latour

Dietrich Schwarzkopf, DFS
Thomas Bernd Stehling,
 NDR
Prof. Dieter Stolte, ZDF
Herr Christoph Strupp,
 ARD
Lorenz Tomerius, Mainzer
 Allgemeine Zeitung
Dieter Weirich,
 Deutsche Welle

Dr. med. Thomas Bausch
Irmgard Bausch
Brigitta Heck
Dr. Ludwig Heck
Dr. Bernd Holzamer
Stefan Holzamer
Beate Holzamer
Dieter Holzamer
Erna Holzamer
Dr. Walter Wildner

Die öffentlich-rechtlichen Medien Rundfunk und
Fernsehen sind heute bei meiner Frau und mir zu
Gast. Die dafür verantwortlichen Persönlichkeiten
waren so liebenswürdig, unserer Einladung zu folgen. Seien Sie uns herzlich willkommen.

Im Mittelpunkt unseres Beisammenseins soll stehen,
zwei Menschen zu ehren, die sich in unvergleichlicher
Weise um unsere öffentlich-rechtlichen Medien ver-
dient gemacht haben und die insbesondere für den
Aufbau des Fernsehens zu Vaterfiguren geworden
sind: Professor Karl Holzamer und Professor Hans
Bausch.

So verschieden nach Naturell und Temperament wie
zwei Menschen eben sind, so fügen sich diese beiden
Persönlichkeiten in ihrer öffentlich-rechtlichen Wirkung doch zu einer Ganzheit zusammen – unzer-
trennlich als «Bild und Gegenbild», um Herrn Stolte
zu zitieren. Und so wollen wir ihrer großen Lebensleistung heute gemeinsam und dankbar gedenken.

Die beiden Geburtstage, der 85. von Karl Holzamer
im Oktober und der 70. von Hans Bausch im Dezember vergangenen Jahres, haben meiner Frau und mir
den Anlaß gegeben zur heutigen Einladung. So war
es mit Hans Bausch selbst besprochen und geplant.
Aber unser menschliches Planen steht unter dem Rat-
schluß eines Höheren, der es anders verfügt hat.

Um so dankbarer bewegt es meine Frau und mich, daß Sie, verehrte Frau Bausch, eingewilligt haben, es bei unserem Beisammensein, nun zum Gedächtnis an Ihren Mann, wie ursprünglich geplant, zu belassen, und daß Sie mit Ihren Angehörigen und mit Freunden Ihrer Familie unter uns sind. Wir wollen und werden Ihren Mann nicht vergessen und freuen uns ganz besonders, daß Sie heute bei uns sind.

Und Ihnen, lieber Herr Holzamer, danken meine Frau und ich von Herzen dafür, daß es auch Ihr Wunsch war, dieser nachträglichen Geburtstagsfeier ihren ursprünglich geplanten Charakter der Gemeinsamkeit zu erhalten. Was zu sagen ist zu Ihren und zu Hans Bauschs Ehren, gilt ja unverändert fort.

Fünfzehn Jahre trennen Karl Holzamer und Hans Bausch im Geburtsdatum. Doch manche Züge der beiden Biographien sind einander vergleichbar:

– beide haben nahezu den ganzen Zweiten Weltkrieg als Soldat durchgemacht,

– beide waren in der Studentenvertretung ihrer jeweiligen Universitäten tätig und

– beide haben sehr früh den Weg zu einer Tätigkeit im Medienbereich gefunden:

Karl Holzamer bei den «Stimmen der Jugend» und beim alten Westdeutschen Rundfunk –

Hans Bausch bei der Tübinger Studentenzeitung und dann bei der «Schwäbischen Post», in Wahrheit bereits als Sextaner, wie ich gehört habe.

Schon 1949 beschrieb Bausch einmal den Typus eines Intendanten wie folgt: «Der Mann auf dem Intendantenstuhl sollte entweder ein musischer Mensch mit stark entwickelter politischer Verantwortung sein oder ein Mann der politischen Erziehung mit Sinn und Herz für das Musische.»

Man meint, er habe in großer Hellsicht mit dem ersten Modell Karl Holzamer und mit dem zweiten sich selbst beschrieben.

Mehr als einunddreißig Jahre lang, von 1958 bis 1989, war Hans Bausch Intendant des Süddeutschen Rundfunks – herausragende Intendantenpersönlichkeit im Kreise der ARD. Er wurde wahrhaft zu einer Institution, geprägt vom scharfen Profil seines Wesens, von hoher fachlicher Kompetenz und von willensstarker Perspektive. Im Dienste seiner Konzeption wich er – wo nötig – keinem Streit aus, am allerwenigsten mit den tatsächlich oder vermeintlich Mächtigen. Er hatte das, was auch in den freiheitlichsten Demokratien allzu rar ist: Courage. Niemandem redete er nach dem Mund, er nannte die Konflikte im Klartext beim Namen, auch um den Preis, daß das, was wir formal als Liebenswürdigkeit bezeichnen, nur noch den besseren Kennern wahrnehmbar blieb. So haben ihm seine menschliche und seine fachliche Substanz Achtung und Bewunderung eingetragen.

Er gehört in die erste Reihe der Intendanten, deren unermüdlicher Kampf der Unabhängigkeit von Rundfunk und Fernsehen gegenüber Staat und Parteien galt. Er hatte die Lehre aus dem Anfang der dreißiger Jahre gezogen, als der damals staatliche Rundfunk dem Diktator quasi automatisch anheimfiel, ohne daß wesentliche Finger oder Rückgrate gekrümmt werden mußten.

Zu erinnern ist in diesem Zusammenhang an konstruktive Tätigkeiten von Besatzungsmächten in der ersten Nachkriegszeit, vor allem etwa an Hugh Carlton Green, der in der Britischen Zone nach BBC-Leitbild das Prinzip der Unabhängigkeit empfahl und durchsetzte. Darum hatte man dann auch in Stuttgart gegen die Absichten des Landtages gestritten, selbst gegen die Vorstellungen eines so liberalen Ministerpräsidenten, wie Reinhold Maier einer war.

Immer von neuem hat Hans Bausch darum gekämpft – gegen den überall im Lande wachsenden Druck der Politiker, deren Wettbewerb untereinander sie nur in einem einig zu finden schien: in dem mehr oder weniger sichtbaren Bestreben nach Einfluß in den öffentlich-rechtlichen Medien und im Ansatz ihrer Daumenschrauben in Gestalt von Finanzen und Frequenzen.

Bausch kämpfte für seine Überzeugungen und seine Journalisten. Er hatte ja nach kurzer eigener Politikertätigkeit mit der Bewerbung für den Intendantenstuhl ein kreatives Arbeitsfeld gesucht, bei dem es nicht um Mehrheiten gehen sollte, sondern um die Substanz. Leidenschaftlich war er am Programm interessiert. Er suchte und er fand die Zusammenarbeit mit gleichgesinnten Kollegen. Erlauben Sie mir einen – hier anwesenden – zu nennen, eine der großen Intendantenpersönlichkeiten, die nicht vergessen werden, dem wir alle überdies sehr bald unsere Glückwünsche für ein höchst eindrucksvolles Lebensjubiläum übermitteln werden und den wir, wie ich meine, im Rahmen dieser Intendantenrunde heute schon ein bißchen mit an- und vorfeiern dürfen: Klaus von Bismarck.

Bausch und Bismarck haben, um ein Beispiel für denkwürdige Programmarbeit zu nennen, gemeinsam die zwölfteilige Serie über die Geschichte des Nationalsozialismus im Fernsehen gemacht. Neben anderen haben Waldemar Besson und als leitender Redakteur Gerd Ruge mitgewirkt.

Was Hans Bausch für die Qualität des Journalismus, für den verantwortlichen Umgang mit dem Auftrag der Gemeinnützigkeit, für die frische Luft in unserer Gesellschaft und für den aufrechten Gang in der Demokratie getan hat, das wird fortwirken. Mit höchster Achtung gedenken wir seiner Lebensleistung.

Sie, verehrter und lieber Herr Holzamer, haben Ihren Weg in die Berufswelt mit lebhaftem politischem Interesse, mit einer breiten und tiefen geisteswissenschaftlichen Ausbildung und als Freund der Menschen begonnen – und keine noch so große Herausforderung Ihrer oft harten Berufe in der Wissenschaft und Öffentlichkeit hat das geringste an dieser Menschenfreundlichkeit vermindert; Sie haben Entscheidendes für uns alle zustande gebracht, ohne im geringsten Ihre Zielstrebigkeit und Tatkraft zu beeinträchtigen.

Sie waren der erste Intendant des ZDF und blieben es fünfzehn Jahre. Mit liebenswürdiger Beharrlichkeit und Energie haben Sie das bis heute gültige Bild des ZDF geprägt. Der Gründung der Anstalt waren politische Stürme voraufgegangen. Bei höchst unruhiger See mußten Sie das Ruder übernehmen. Auf nichts Vorhandenes konnten Sie aufbauen.

In einer sehr frühen Phase des ZDF hat Hans Bausch einmal angemerkt, diese Laienspielschar von Mainz würde das Fernsehmachen schon noch eines Tages lernen. Wie wahr er doch gesprochen hat!

Als Forscher und Lehrer der Philosophie – zu Ihren schönsten und wirkungsvollsten Werken zählt ja Ihre «Einführung in die Welt des Denkens» – lag Ihnen gewiß von Anfang an, zusammen mit dem Auftrag der Information, die Bedeutung der Bildung und der Selbsterziehung mit Hilfe von Rundfunk und Fernsehen am Herzen. Das ist um so höher einzuschätzen, als das ZDF von Beginn an auf relativ hohe Werbeeinnahmen bedacht sein mußte und damit alsbald auch auf populäre Unterhaltungssendungen.

Die weithin faire Konkurrenz der beiden Systeme ARD und ZDF ist Ihnen in besonderem Maße zu verdanken. Sie ist der Qualität der Programme und damit uns allen zugute gekommen. Schon bei Ihrem Ausscheiden gehörte das ZDF zu den größten europäischen Anstalten. Ich denke, es wird Sie mit besonderer Freude erfüllen, daß wir heute hier in Berlin, in einem wiedervereinten Deutschland feiern können. Von Anfang an hatten Sie es sich beim ZDF zum Ziel gesetzt, die Menschen in der DDR mit Informationen, nicht mit Propaganda, zu versorgen und ein wahrhaftiges Bild des Lebens im geteilten Deutschland zu vermitteln. Ich behaupte, daß, auch wenn keiner das je wirklich wird beweisen können, dies einer der größten Anteile von dem ist, was von westlicher Seite zur wiedererlangten staatlichen Einheit geleistet wurde.

Sie werden gewiß das Verdienst daran mit anderen zu teilen wünschen, dennoch erlauben Sie mir, Ihnen dafür in Wahrnehmung meines Amtes Dank zu sagen. Und so rufen wir Ihnen heute zu: Ad multos felices annos!

Eine auf Hans Bausch zurückgehende Schrift von
1978 trägt den Titel

«Wie man Intendant sein soll
Wie man Intendant wird
Wie man Intendant bleibt»

– alles Themen, von denen er wahrhaftig viel verstand. Die Schrift mündet in der zentralen Frage: Was
dem Rundfunk nottut.
Sie alle, verehrte Gäste, sind Fachleute auf diesem Gebiet. Ich bin es nicht. Dennoch erlaube ich mir einige
Anmerkungen:
Fünf Verfassungsorgane kennt das Grundgesetz. In
über vierzig Jahren hat sich ungeschrieben ein sech-
stes dazugesellt. Sie werden jetzt hoffentlich von mir
erwarten, daß ich die Medien nenne. Ich meine aber
die Parteizentralen. Ihr Einfluß dringt in den meisten
Bereichen von Staat und Gesellschaft immer weiter
vor, auch in den Medien. Es sind nicht nur die satt-
sam bekannten personalpolitischen und inhaltlichen
Anstrengungen zur Einflußnahme, sondern es zeigt
sich auch in den von den Medien selbst gewählten
Prioritäten. Warum finden sich selbst auf Routineland-
desparteitagen oft Heerscharen von Journalisten,
während es die inhaltlich wichtigeren, komplexeren
Themen, die den Bürgern auf den Nägeln brennen,
so schwer haben, die Aufmerksamkeit auf sich zu ziehen? Damit Hand in Hand wächst dann die Gefahr eines Verlautbarungsjournalismus.
Fernsehen ist wichtig und prägt tief das Bewußtsein
einer Bevölkerung. Um so wichtiger ist jeder Beitrag, der geeignet ist, das eigene kritische Bewußtsein

der Zuschauer zu stärken. Das Fernsehen bildet das wirkliche oder vermeintliche Leben ab, aber es ist nicht dies Leben selber. Leben muß man selber. Helfen Sie uns dazu.

Dem öffentlich-rechtlichen Rundfunk sind private Wettbewerber zur Seite getreten, und ich möchte keine naiven Wünsche an Sie richten. Ich habe nur einen oberflächlichen Eindruck, doch setze ich darauf, daß Sie Ihren eigenen Grundsätzen treu bleiben und sich vom Blick auf Einschaltquoten nicht lähmen lassen. Je mehr Programme sich zum «Channel-hopping» anbieten, desto deutlicher hebt sich auch wieder die Qualität gegenüber dem kaum noch unterscheidbaren Allerweltsangebot ab. Die öffentlich-rechtlichen Medien werden sich keinen Negativwettbewerb aufzwingen lassen und keinen voraneilenden Gehorsam hinsichtlich der Unarten bestimmter anderer Einrichtungen. Sie sind stark genug, Maßstäbe der Qualität zu setzen.

Seit wenigen Tagen haben wir wieder einen für das gesamte Deutschland in Ost und West organisierten Rundfunk. Die Unterschiede der Lebensbedingungen und Empfindungen zwischen den Menschen in Ost und West sind aber noch sehr groß. Rundfunk und Fernsehen haben auch hierbei eine entscheidende Rolle zu spielen. Wir hier in diesem Raum haben wohl fast ausnahmslos nur westliche Erfahrung hinter uns.

Das macht die Aufgabe nicht kleiner, aber auch nicht leichter. Das gute Argument, nun seien zum Glück endlich alle den verhaßten Staatsrundfunk los, hat uns vor einigen bösen Weichenstellungen nicht bewahrt, die auch ins Personelle gehen. Manches Machtdenken ist am Werk, das die Phase der Neuorganisation belastet. Es wird noch viel Takt und Verständnis notwendig sein.

So bleibt also ein weites, wegen der elementaren Auswirkungen auf die Menschen tief verantwortungsvolles, aber auch besonders dankbares Arbeitsfeld für die elektronischen Medien im öffentlich-rechtlichen Bereich. An ihrer Spitze stehen die Intendanten, im Vergleich etwa zu den Ministern in unserem Land eine kleine Zahl, eine kleine, illustre Zahl. Der Einfluß der Intendanten bestimmt sich nicht nur nach dem Gesetz und den politischen Mächten, sondern vor allem nach der Kraft ihrer Persönlichkeit; sie ist für das Gemeinwesen von großem Gewicht.

Deshalb denke ich heute mit meinem achtungsvollen Dank an das Vorbild von Karl Holzamer und Hans Bausch.

GÄSTELISTE
JOHANN ADOLF GRAF VON KIELMANSEGG

Mechthild Gräfin
  von Kielmansegg
Dr. Karl-Wilhelm Berkhan
Dr. Kai-Uwe von Hassel
General a. D. Ulrich
  de Maizière
Dr. Erich Mende
Dr. Lothar Rühl
Bundesminister
  Dr. Gerhard Stoltenberg
Dr. Manfred Wörner
Dr. Friedrich Zimmermann
General a. D. Jürgen Brandt
Wolf Graf von Baudissin
Peter von Butler
Karl Feldmeyer, FAZ
Dr. med. Hannsjochen
  Fundner
Prof. Dr. Klaus Hildebrand

Hellmut Holle
Hanno Graf von
  Kielmansegg
Benita Gräfin von
  Kielmansegg
Prof. Dr. Peter Graf
  von Kielmansegg
Walpurgis Gräfin von
  Kielmansegg
Lewine Lehnhoff
General Klaus Naumann
Prof. Dr. Thomas
  Nipperdey
Vigdis Nipperdey
Anny Oster
Richard Freiherr
  von Rosen
Dr. Heinrich Seewald

Die deutsche Militärgeschichte kennt bedeutende
Heerführer, die sich in zahlreichen Feldzügen mit
Geschick, Klugheit und Fortune Autorität im eigenen Lager und Respekt beim Gegner erwerben konnten. Weit kleiner ist die Zahl der Soldaten, die es auf
sich genommen und verstanden haben, über opera-
tives Denken hinaus fällige Lehren auch aus der
Geschichte für das Selbstverständnis und die Rolle
des Militärs im Gemeinwesen im ganzen zu ziehen
und bahnbrechende Neuorientierungen daraus abzu-
leiten.
Freilich, wenn ein Staat auf neues Denken angewiesen ist, dann kann er sich glücklich schätzen über Soldaten die bereit und in der Lage sind, moralisch, geistig und politisch an fälligen Reformen mitzudenken
und mitzuarbeiten. Die preußischen Reformer in der
napoleonischen Zeit sind dafür das bekannteste Beispiel. Wir können natürlich jenes Geschichtskapitel
mit der Zeit nach dem Zweiten Weltkrieg in Deutschland kaum vergleichen. Auch soll ja gegenüber einer
niedersächsischen Familie nicht zuviel vom preußischen Ruhm die Rede sein – obwohl Mitglieder der
Familie Kielmansegg auch preußische Offiziere gewesen sind. Aber es ist angemessen, die geistigen
Väter der Streitkräfte eines demokratischen Deutsch-

lands nach 1945 in einem Atemzug mit jenen Vorgängern zu nennen, die eineinhalb Jahrhunderte davor gewirkt haben.

Unser heutiges Beisammensein, zu dem meine Frau und ich Sie alle herzlich begrüßen, soll unserer Achtung und Dankbarkeit Ausdruck verleihen, die wir dem Denken und Handeln dieser Männer schulden.

Der äußere Anlaß ist die Nähe dreier bedeutender Geburtstage, in deren ungenauer Mitte wir uns heute befinden. Die Ehrung gilt nachträglich Graf Kielmansegg zu seinem 85. Geburtstag. Sie ist aber auch mit der gebührenden Zurückhaltung, welche kommenden Ereignissen ziemt, für Herrn de Maizière kurz vor seinem 80. Geburtstag und für Graf Baudissin bestimmt, dessen 85. Geburtstag wir im Mai erwarten. In diesem Sinne begrüßen meine Frau und ich von Herzen den Grafen Kielmansegg und Herrn de Maizière in unserer Mitte, und ich schließe in meinen Gruß nicht minder herzlich den Grafen Baudissin ein, meinen gestrengen alten Regimentsadjutanten – in einer Zeit, in der ich als damaliger Rekrut mich allerdings kaum als «Staatsbürger in Uniform» fühlen durfte –, der für heute zugesagt hatte, aber nun doch aus gesundheitlichen Gründen nicht kommen kann. Seinem Befinden gelten unser aller guten Wünsche.

Ich vermute, es ist Herrn und Frau de Maizière recht, daß ich der guten Gewohnheit folge, eines Geburtstäglers zu gedenken, wenn sein Wiegenfest stattgefunden hat und nicht schon dann, wenn es noch bevorsteht. Erlauben Sie mir daher, mich jetzt Ihnen,

Graf Kielmansegg, zuzuwenden und meiner Freude darüber Ausdruck zu geben, daß wir Sie mit Ihrer Familie hier begrüßen und Ihnen nachträglich zum Geburtstag von Herzen gratulieren können.

Sie entstammen einer Soldatenfamilie und vereinen in sich soldatische Anlagen, wissenschaftliche Neigungen und eine ausgeprägte Begabung für das Politische und Menschliche. Ein altes europäisches Erbe kommt zu Blüte und Reife. In der Reichswehr, in der Sie seit 1926 gedient hatten, gab es dafür vielleicht mehr Ansätze als weithin bekannt ist. Auf der Kavallerieschule Hannover waren Sie mit Stauffenberg und Bonin zusammen, während des Krieges in der Operationsabteilung des Heeresgeneralstabs mit Heusinger und in der Nachbarabteilung, der Organisationsabteilung, wieder mit Stauffenberg. Und betrachtet man die Zusammensetzung des Amtes Blank zu Beginn Ihres quasi zweiten militärischen Lebens ab 1950, so waren auch dort nicht die sogenannten typischen Soldaten von früher versammelt: Heusinger und Speidel, Baudissin, Maizière, Kurt Fett, Achim Oster, Peter Sauerbruch und Axel Bussche.

Nach der Kriegsakademie und den Verwendungen im Truppengeneralstab in der ersten Kriegsphase kamen für Sie ab 1942 die Jahre in der Operationsabteilung des Generalstabs des Heeres, die einen denkenden und verantwortungsvollen Menschen von Ihrer geistigen Statur rasch vom Zweifel zur Verzweiflung über den Charakter von Hitlers Herrschaft, aber auch über einen zunehmenden moralischen Niedergang innerhalb der Wehrmacht selbst bei ihrer Verkettung mit dieser Herrschaft führten. Ich war damals junger

Reserveoffizier und auch für ein paar Monate in Ihrer Nähe als Ordonnanzoffizier beim sogenannten Oberquartiermeister IV, und es berührt mich schon sehr, wenn ich so daran denke, aus meiner heutigen Amtsaufgabe heraus Ihnen sagen zu dürfen, daß Sie und mancher andere für uns junge Soldaten in dieser unlösbaren Zeit ein Vorbild gewesen sind. Die Verschwörung des 20. Juli 1944 kostete manchen Ihrer Freunde und nahen Kameraden das Leben und brachte Sie selbst in äußerste Gefahr. Ganz verschieden uniformierte Schutzengel standen Ihnen bei. Ihrer inneren Haltung sind Sie bis zum bitteren Kriegsende stets treu geblieben.

Es war schwer genug, aber notwendig, nach dem Krieg wieder anzufangen und auch von neuem an Streitkräfte zu denken. Sie haben sich dieser Aufgabe, zumal in der Leitung der Unterabteilung «Allgemeine Verteidigungsfragen», in vollem Respekt vor dem Primat der Politik und in selbstverständlicher Loyalität zu Theodor Blank gewidmet. Mit Ihren gründlichen Kenntnissen der Vergangenheit und allzu vieler Zeichen eines moralischen Versagens namentlich auch hoher militärischer Führer vor den Zumutungen des Nationalsozialismus leisteten Sie unschätzbare und verantwortungsbewußte, kluge Dienste.

Sie haben sich mit großem Engagement um Konzept und Durchsetzung dessen bemüht, was als «Innere Führung» mit dem Leitbild vom «Staatsbürger in Uniform» in der Vor- und Frühgeschichte der Bundeswehr lang und heftig umstritten war. Viele sahen darin einen unauflösbaren Widerspruch mit der militärischen Auftragserfüllung. Andere stützten ihre

Kritik darauf, das Konzept sei zum Scheitern verurteilt, wenn man auf die nicht immer zu Unrecht erblickte Lücke zwischen Anspruch und Realität im Truppenalltag blicke. Dennoch hat die geschichtliche Entwicklung den geistigen Vätern der Reform auf deutliche Weise recht gegeben.

Was die geistige Vaterschaft anbetrifft, bleibt anzumerken, daß Graf Kielmansegg sich «selbstbewußt und doch bescheiden» nur den Großvater der Inneren Führung nennen lassen wollte, um dem Grafen Baudissin die Vaterschaft und dem General de Maizière die ständige Patenschaft zuzuerkennen. Wie dem auch sei, wir haben allen dreien gegenüber Grund zu Respekt und Dank.

Es ist Ihnen und Ihren Kameraden gelungen, Disziplin in der Truppe mit geistiger Freiheit, politische Mitverantwortung mit dem notwendigen Gehorsam zu verbinden. Ihre persönliche Integrität und Autorität haben das Ansehen der Bundeswehr in unserem Volk und das Ansehen der Bundesrepublik in der Welt erhöht.

Ihr Weg hat Sie mit vielerlei Aufgaben im In- und Ausland in Berührung gebracht. An Ihre Zeit als Divisionskommandeur in Sigmaringen erinnert sich manch einer noch heute mit dem Bemerken, daß Ihr Auftreten bestimmt, gerecht und menschlich gewesen ist, daß jeder mit Ihnen sprechen konnte und zugleich jedermann wußte: Es ist der Divisionskommandeur, es ist er und kein anderer, der führt. Das ist eine besonders wichtige, wohltuende und seltene Eigenschaft, nämlich die Führungsaufgabe, die sich stellt, auch wirklich wahrzunehmen. Und es ist eine

Eigenschaft, für die mancher Offizier manchem Politiker ein gutes Beispiel geben kann.

Später waren Sie der erste deutsche Commander – in Chief – Central Europe. Man muß sich die lange Entwicklung vor Augen halten, die Sie in Ihrer Soldatenzeit erlebt haben. Begonnen haben Sie sozusagen noch als Lanzenreiter in Hofgeismar in den zwanziger Jahren. Seit den fünfziger Jahren aber mußten Sie sich gedanklich mit allen Konsequenzen der nuklearen Kampfmittel auseinandersetzen. Das konnte nur in der bitteren Einsicht geschehen, daß die Sicherheit so lange eine Tochter des Schreckens bleiben muß, als sie noch nicht ein Kind des Vertrauens sein kann, wie Churchill es einmal genannt hat.

Im Kreis der Alliierten haben Sie Vertrauen zu den deutschen Streitkräften und zu den Deutschen überhaupt geschaffen. Jeder hat gespürt, welche verantwortungsbewußten Folgerungen Sie aus der getrennten und der gemeinsamen Geschichte der Alliierten im Bündnis gezogen haben.

Die Devise Ihres Hauses lautet: Consilio non imperio, also nicht mit Gewalt, sondern mit besonnener Klugheit. Als Ihre aktive Dienstzeit zu Ende ging, im Frühjahr 1968, sagten Sie: «Ich gehe in den Ruhestand, aber nicht, um mich auszuruhen oder stehenzubleiben.» Dieser Ankündigung sind Sie wahrlich treu geblieben. In zahlreichen Gedanken und Gesprächen, in Aufsätzen und Vorträgen, in Reisen und Ratschlägen – solchen, die bekannt geworden sind, und solchen, die diskret geblieben sind – dienen Sie unserem Land. Und es ist ein ganz außergewöhnliches Ereignis, welches wir Ihrer Persönlichkeit verdanken, daß heute hier, zusammen mit meiner Frau und mir, mein Amtsvorgänger Professor Carstens und mehrere Bundesverteidigungsminister der verschiedenen politischen Richtungen versammelt sind, um einem wahrhaft großen Staatsbürger mit und ohne Uniform zu danken.

GÄSTELISTE
CARL-FRIEDRICH FREIHERR VON WEIZSÄCKER

Gundalena Freifrau
von Weizsäcker
Bundeskanzler a. D.
Helmut Schmidt
Loki Schmidt
Dr. Hildegard Hamm-
Brücher
Ministerpräsident
Dr. Manfred Stolpe
Dr. Hans-Jochen Vogel,
MdB
Prof. Dr. Hellmut Becker
Antoinette Becker
Prof. Dr. Heinz Bethge
Prof. Dr. Hans-Peter Dürr
Prof. Dr. Hans-Georg
Gadamer
Käte Gadamer
Prof. Dr. George F.
Kennan, Princeton, N. J.
Frau Kennan
Prof. Dr. Konrad Raiser
Dr. Elisabeth Raiser

Prof. Dr. Erhard Scheibe
Prof. Dr. Albrecht Schöne
Prof. Dr. Dr. Victor
F. Weisskopf,
Cambridge/Mass.
Prof. Dr. Carl-Christian
Freiherr von Weizsäcker
Elisabeth Freifrau
von Weizsäcker
Prof. Dr. Ernst Ulrich
Freiherr von Weizsäcker
Christine Freifrau
von Weizsäcker
Prof. Dr. Albert Weller
Brigitte Weller
Ottonie Wirtz
Prof. Dr. Hans F. Zacher
Dr. Marion Gräfin Dönhoff
Adelheid Gräfin
zu Eulenburg
Prof. Edith Picht-Axenfeld
Prof. Dr. Hartmut
von Hentig

Liebe Gäste,
zu den schönsten Pflichten unseres Hauses und Amtes
gehört es für meine Frau und mich, aus Anlaß heraus-
ragender und vorgerückter Lebensjubiläen eine Geburtstagstafel für Persönlichkeiten zu richten, die für
unser Land von Bedeutung sind – eine Tafel zu ihren
Ehren, mit ihren Familien und mit Freunden nach
ihrer Wahl.
Nun ist Carl-Friedrich von Weizsäcker vor ein paar
Tagen achtzig Jahre alt geworden. Wer wollte seine
tiefe Wirkung in unserer Zeit übersehen? Und warum
sollte ich mir die Freude einer Amtspflicht versagen?
Zumal, wie gesagt, die Einladung seinem engeren
Lebenskreis gilt und ich quasi nicht nur als Gastgeber,
sondern auch als sein brüderlicher Gast dazugehören
darf.
Weite Reisen haben manche von Ihnen auf sich genommen, und deshalb danke ich ganz besonders Professor George Kennan mit seiner verehrten Frau und
Professor Victor Weisskopf, daß Sie gar über den
ganzen Atlantik zu uns gekommen sind. Seien Sie uns
herzlich willkommen.
Danken möchte ich Edith Picht dafür, daß sie mit ihrer großen Kunst alles ausgedrückt hat, was uns heute
bewegt, oder wie es beim Opus 90 von Beethoven

KONZERT

aus Anlaß des 80. Geburtstages von
Carl-Friedrich Freiherr von Weizsäcker

Edith Picht-Axenfeld
Klavier

Ludwig van Beethoven · *Sonate in e-Moll, op. 90*

— Mit Lebhaftigkeit und durchaus
mit Empfindung und Ausdruck

— Nicht zu geschwind und
sehr singbar vorgetragen

Claude Debussy · *Estampes*

— Pagodes:
modérément animé

— La soirée dans Grenade:
mouvement de Habanera

— Jardins sous la pluie:
net et vif

Villa Hammerschmidt
6. Juli 1992

heißt: «mit Lebhaftigkeit und durchaus mit Empfindung und Ausdruck».

Doch nun ist es an mir, und wie soll ich über unseren Geburtstägler sprechen?

Als Kinder zu Hause wurden wir angehalten, bei Geburtstagen von Geschwistern oder Eltern kleine Tischreden zu halten. Aber die Gedanken und Forschungen meines Bruders Carl Friedrich, des Ältesten zu Hause, inhaltlich zu würdigen, war ich zu keinem Zeitpunkt unseres gemeinsamen Lebens befähigt. Im Gegenteil, mir wurde im Kindesalter bedeutet, ich könne einen ganz vorzüglichen Beitrag zu seinem Nachdenken leisten, nämlich durch Schweigen. Und weil mir ganz genau dieses zeitlebens immer etwas schwergefallen ist, so handelte ich mir, schon als ich sechs Jahre alt war, von Carl Friedrich seine eher stöhnende Prognose ein, aus mir werde eines Tages noch ein Parlamentsredner. Diese düstere Prophetie ist viel später in Erfüllung gegangen, was zum Glück nicht für alle seine Vorhersagen gilt.

Doch das liegt nun hinter uns. Es war zunächst nicht eigentlich seine Wissenschaft und auch nicht das Private um seiner selbst willen, sondern in Wahrheit der schreckliche Ernst der späten dreißiger Jahre und des Krieges, der meine Achtung vor Carl Friedrich begründet hat. Die Freunde von Carl Friedrich und Gundi, die ich bei ihnen kennenlernte, Wolfgang Hoffmann, Albrecht Haushofer, Georg und Edith Picht, Hellmut Becker und später Antoinette, der Tod unseres Bruders Heinrich, der uns so naheging, das Schicksal unserer Schwester, die Sorgen unseres Vaters, die keine Minute aus der Familie wichen, der nächtelange Streit im Frühjahr 1944 in Straßburg, wann und wie dem Regime endlich von innen heraus ein Ende zu machen sei, ergreifende Verse, die Carl Friedrich geschrieben hatte und mir am Ende des Krieges zeigte – das alles hat mich lebenslang geprägt.

Es folgten gemeinsame Nachkriegsjahre im Göttinger Haushalt seiner Familie. Er wurde ein großer Lehrer für die Generation, die – nur durch die Erfahrungen des Krieges gereift – nun danach suchte, ob es etwas gäbe, das die Welt im Innersten zusammenhält, und was es denn sei.

Es waren die großen Fragen, denen er nachging,
– die Einheit von Astronomie, Physik, Philosophie,
– die Beziehung zwischen Geist und Materie,
– die Überwindung des Grabens zwischen Natur- und Geisteswissenschaft,
– die Ambivalenz des technischen Zeitalters,
– der Zusammenhang von Erkenntnis und Weltveränderung und damit die Verantwortung der Erkenntnis.

Und so waren es große Themen und Begriffe, die er bearbeitete, beschrieb oder schuf und die uns umtrieben,
– sein «Versuch einer Geschichtskonstruktion»,
– seine «Geschichte der Natur», seine «Einheit der Natur»,
– die Tragweite der Wissenschaft,
– die Bedingungen des Friedens,
– der Gedanke und die Begründung der Weltinnenpolitik,

146

– die Beschreibung von Notwendigkeit und Möglichkeit des Bewußtseinswandels im historischen
Prozeß.

Christa Wolf verweist in ihrer Erzählung «Störfall»
darauf, «daß A-tom auf Griechisch das gleiche heißt
wie Individuum auf Lateinisch: unspaltbar». Und
doch ist die Spaltung beider, Atom und Person, ein
Signum unserer Zeit und ein Gegenstand der Forschung und Reflexion von Carl Friedrichs Geist, der
den Zusammenhang sucht.
Ein großer Lehrer ist er, weil er teilhaben läßt an der
klaren Gliederung seines Gedankengangs, an seiner
unstillbaren Leidenschaft des Fragens und des im
Kreisgange Weiterfragens. Und hinzu kommt, daß
diese tiefe Lust des Fragens sich aufs glücklichste
paart mit einer nimmermüden Freude am Gefragt-
werden. Bekanntlich hat er schon als zwölfjähriger
Bub unserer ihn liebevoll-leidenschaftlich begleiten-
den Mutter gesagt, sie dürfe ihn ruhig fragen, wenn
sie etwas nicht verstünde.
Es ist einfach eine Wohltat, ihn zu fragen und aus dem
unerschöpflichen Born seines Gedächtnisses, seines
Denkens und seiner integrierenden Perspektiven zu
schöpfen. Konzentriert und bereitwillig legt er die
Dinge dar. Nur, wenn man widerspricht, möge man,
selbst wenn man ein bißchen recht hat, sich bei der
Begründung keines Denkfehlers schuldig machen.
Damit kommt man bei ihm nicht durch. Auch das
hat seine gute pädagogische Wirkung.
Mit der Nennung seiner großen Themen und Begrif-
fe, seines Denkens und Fühlens ergibt sich ganz von

selbst, daß er eben auch ein zutiefst politisch empfindender und verantwortlicher Mensch ist. Dazu möchte ich aus meinen Erfahrungen in der Politik und auch aus meinem heutigen Amt heraus noch ein paar Worte sagen.

Unsere Demokratie gedeiht nicht allein durch das pflichtgemäße Handeln unserer Verfassungsorgane. Auch der Horizont unserer Parteien, die wir brauchen und die legitimerweise um die Mandate kämpfen, reicht dazu nicht aus. Es ist schwer für sie, mit einer Gemütslage der Sättigung und der Unersättlichkeit in der Gesellschaft fertig zu werden, einer Gemütslage, die sie, die Parteien, freilich selbst immer wieder mit erzeugen.

Wir brauchen also mehr. Es bedarf der allgemeinen Akzeptanz der Spielregeln und des friedlichen Zusammenlebens, der Einsicht in die Grenzen staatlichen Handelns, vor allem aber der aktiven, geistig-konzeptionellen Beteiligung der guten Köpfe aus der ganzen Bevölkerung zu den Fragen der Zeit. Damit können und müssen sich dann die gewählten politischen Führungen auseinandersetzen, sie bündeln, mit ihnen ringen und arbeiten. Ich kenne nur wenige andere Namen in unserer ganzen Nachkriegsgeschichte, die unserem Gemeinwesen gerade diesen unentbehrlichen Dienst so kontinuierlich geleistet haben und leisten wie Carl Friedrich Weizsäcker.

Die spektakulären Themen und Anlässe sind bekannt, unter ihnen

– die wesentlich auf seiner Initiative basierende Göttinger Erklärung der achtzehn Professoren zur atomaren Bewaffnung im Jahre 1957,

– das Tübinger Memorandum von 1961, das er mit Georg Picht, Ludwig Raiser und anderen Verfassern, vorwiegend evangelischen Laien, schrieb; für mein Gefühl ein klassisches Beispiel für das, was die Lebendigkeit einer demokratischen Bürgergesellschaft ausmacht,
– sodann seine Friedenspreisrede 1963 in der Paulskirche,
– die Gründung des Starnberger Max-Planck-Instituts für alle unbequemen Fragen unserer Zeit,
– seine immer weiter bohrenden Beiträge zur Rüstung und Abrüstung, zur Kernkraft und Umwelt,
– seine weltweit wirksame ökumenische Initiative zu Frieden, Gerechtigkeit und Bewahrung der Schöpfung.
Ganz gewiß haben seine Beiträge die Regierenden oft gestört. Er hat wahrlich nicht mit allem, was er sagte, Konrad Adenauer glücklich gemacht. Und ich denke, Helmut Schmidt mag auch mehr als einmal ernsten Grund gehabt haben, sich mit ihm zu streiten.
Die Glücklichen, möchte man sagen! Wenn wir doch heute deutlicher hörten, wer mit wem, ja daß überhaupt über die großen Fragen ernsthaft und fruchtbar gestritten wird. Aber es ist nicht nur der aneckende, kontroverse Impuls, es ist überhaupt die Anteilnahme wirklichen Denkens an der Politik, die ich stets als so wesentlich an den Wortmeldungen unseres Geburtstagskindes empfunden habe.
Wer denkt, wer einen Spatenstich tiefer nach den Wurzeln der Konflikte forscht, der leistet doch einen unersetzlichen Beitrag, damit wir ihre Entstehung begreifen, damit wir es lernen zusammenzuleben, uns

gegenseitig besser zu verstehen, ja vielleicht uns auszusöhnen. Wer in der Politik denkt, der hilft dazu, das
Lösbare vom Unlösbaren zu unterscheiden, anstatt
beides wahllos oder wahlgierig zu vermischen und
chaotische Erwartungen auszulösen. Die Unterscheidung ist nötig, damit wir uns in der Politik dazu zwingen, das Lösbare wirklich anzupacken und durchzusetzen, auch wenn es noch so unbequem für uns ist,
uns dafür aber von der unsinnigen Neigung zu befreien, die Erfüllung des Unlösbaren in Aussicht zu stellen.

Wer in der Politik denkt, der zwingt zur vielleicht gerade noch rechtzeitigen Einsicht in die Folgen des
Treibenlassens der Dinge. Die Vorhersagen *müssen*
um des Denkens willen unerbittlich sein. Wenn nur
ihr wahres Ziel klar bleibt: nämlich nicht die self-fulfilling, sondern die self-defeating prophecy.

Und so meine ich: Wir haben in unserem Land Grund
zur Achtung und zur Dankbarkeit für diesen verantwortlichen und immer lebendigen Geist.

Ich denke, die Arbeit wird weitergehen bei unserem
Geburtstägler, auch mit achtzig. Doch wie es dabei
zugehen möge, dafür darf man vielleicht den Prediger
im Alten Testament sprechen lassen.

Er sagt: – «... es gibt Menschen, denen Gott wohl
will. Es sind die, denen er Wissen, Können und Freude geschenkt hat. ... Und so habe ich eingesehen:» –
so schreibt der Prediger weiter – «Es gibt kein Glück,
es sei denn, der Mensch kann durch sein Tun Freude
gewinnen. ... Besser *eine* Hand voll und Ruhe, als
beide Hände voll und Arbeit und Luftgespinst. ... Da
preise ich die Freude; denn es gibt für den Menschen

kein Glück unter der Sonne, es sei denn, er ißt und trinkt und freut sich. Das soll ihn begleiten bei seiner Arbeit, während der Lebenstage, die Gott ihm unter der Sonne geschenkt hat.»

GÄSTELISTE
OTTO VON SIMSON

Marie-Anne von Simson
S.E. Botschafter Sir Nigel
  H.R.A. Broomfield
I.E. Lady Mallaby
Winfried Fest
Frau Fest
Hans-Heinrich Herwarth
  von Bittenfeld
Dr. Sieghardt von Köckritz
Elisabeth von Köckritz
General Gordon Lennox
Frau Lennox
S.E. Botschafter Paul
  Marc-Henry, Frankreich
Manfred Ruge
Frau Ruge
Dr. Hermann Josef Schuster
Erika Schuster
Ministerpräsident
  Dr. Manfred Stolpe
Dr. Ingrid Stolpe
Winrich Behr
Frau Behr
Prof. Dr. Thomas
  W. Gaehtgens
Dr. Barbara Gaehtgens
Prof. Dr. Johann
  Wilhelm Gerlach
Prof. Dr. Zdenek Lojda
Prof. Dr. Piotr Skubiszewski,
  Centre d'Etudes
Bischof Dr. Martin Kruse

Günter de Bruyn
Ingeborg Geisendörfer
Dr. Hans-Joachim Giersberg
Prof. Dr. Reiner Haussherr
Prof. Dr. Werner Knopp
Ingeborg Knopp
Sir Yehudi Menuhin
Gérard Menuhin
Dr. Peter Raue
Frau Raue
Bernd Schultz
Mary-Ellen von Schacky-
  Schultz
Wolf Jobst Siedler
Frau Siedler
Dr. Adriaan J. van der Staay
Prof. Dr. Christoph Stölzl
Walter Stützle,
  Der Tagesspiegel
Dr. Peter Jochen Winters, FAZ
Frau Vita Petersen
Dr. Bernd von Arnim
Else von Arnim
Prof. Dr. Aleksander Gieysztor
Andreas Albert Graf von
  Hardenberg
Gräfin von Hardenberg
Prinzessin Margaret von
  Hessen und bei Rhein
Ernst Martin von Simson
John von Simson
Dr. Jutta von Simson

Die Unesco, der Otto von Simson über lange Jahre
hinweg sein unerschöpfliches Wissen, sein vom Charakter bestimmtes Engagement und seine überzeu-
gende Glaubwürdigkeit zur Verfügung gestellt hat,
diese Unesco hat es sich international zur Aufgabe gemacht, bedeutende Kulturstädte, die in ihrer Kompo-
sition besonders herausragen, zum Erbe der Menschheit zu erklären.

Leider kann man diesen wunderbaren Gedanken
nicht auf Menschen übertragen. Sonst läge die Versu-
chung nahe, ihn auf unser übermorgiges Geburtstagskind unmittelbar anzuwenden.

Mit Otto von Simson begegnet uns ein tätiges Prisma
europäischer Kultur in ihrem umfassenden Sinn. Dabei denke ich an sein ebenso enzyklopädisches wie
analytisches Wissen in allen Bereichen der europäischen Kunst- und Kulturgeschichte, an seine Befähi-
gung zum eigenen Lernen wie zum Lehren, an sein
Engagement innerhalb der Kirche, aber auch im ganzen politischen Gemeinwesen, an seine gewinnende
und impulsive Herzlichkeit, Beharrlichkeit und
Überzeugungskraft, die jede traditionelle Diplomatie
in den Bereich des zwar ehrbaren, aber eben doch er-
lernbaren Handwerks verweist. Ich hoffe, die anwesenden Diplomaten verzeihen mir diese Bemerkung.

Die Weite seiner Persönlichkeit macht es schwer, sie zu würdigen. Ihre Tätigkeitsbereiche sind sehr verschieden, aber nicht streng geschieden, sondern durch Begabung organisch und beinahe zwingend verbunden. Jeder der hier Anwesenden kennt Otto von Simson aus seinen Schriften, aus dem mündlichen Vortrag, vor allem aber aus dem lebendigen Gespräch. Ich habe es selten erlebt wie bei Otto von Simson, daß sich prägnante Klarheit und gewinnende Offenheit so stark wechselseitig fördern, daß die unmittelbare Folge davon bei den Andersdenkenden die ist, jede Meinungsverschiedenheit gern zum Anlaß zu nehmen, voller Neugier den Austausch und die Verständigung zu suchen. Wer seiner luziden Sprache lauscht, der spürt etwas von der «lichtvollen Geistigkeit», mit der Simson das hohe Mittelalter charakterisiert.

Über die gotischen Kathedralen schreibt Simson: «Diese außerordentlichen Gebilde verdanken ihre Entstehung der Überzeugung, daß metaphysische Wahrheit im Schönen transparent und manifest werde.» Simson forscht der Verbindung von Wahrheit und Schönheit nach. Doch das kann nur einer, in dessen eigener Seele es um eben diese Einheit geht.

Wir verdanken Otto von Simson auch großartige Interpretationen von Kunst als einem interpretierenden Spiegel der Politik. 1936 promovierte er über den Maler und Diplomaten Peter Paul Rubens. Fast ein halbes Jahrhundert später bekennt er sich erneut zu dieser Jugendliebe, und ich denke, daß wir alle gespannt sind auf die neue, im kommenden Frühjahr erscheinende Rubens-Auslegung. Um den flämischen Maler zu verstehen, der auf der Höhe der Bildung seiner Zeit höchst hintersinnig Personen und Ereignisse vom Vordergrund in den Hintergrund schob und sie so bewertete und wog, dazu bedürfen wir eines großen Lehrers, der über das ganze klassische europäische Bildungsgut verfügt.

Für den Gedanken der Unesco und für das Vertrauen zu Deutschland in diesem Kreis hat Otto von Simson Unersetzliches geleistet. Sein Fachwissen und seine weltläufige Sicht, sein hohes moralisches Ansehen und seine menschliche Ausstrahlungskraft inkorporieren quasi in einem Menschen den Gedanken, um den es bei der Unesco geht.

Mit großer Anteilnahme habe ich die Begründung der Guardini-Stiftung durch Herrn von Simson miterlebt. Als Initiator sagte er, es ginge darum, eine gemeinsame Sprache zwischen «den getrennten Wirklichkeiten von Wissenschaft, Kunst und Glaube» zu finden, «eine gemeinsame Wahrheit». Wie kaum ein anderer mag der Name Guardini dafür geeignet sein, um daran zu arbeiten, nicht nur die Trennung der Fachgebiete aufzuheben, sondern auch die Geschiedenheit von Aufklärung und Romantik, von rationaler Analyse und ganzheitlichem Verständnis. Im Zentrum aber steht die religiöse Dimension, die zu jeder echten Kultur gehört und deren Kraft es immer von neuem aufzuspüren, zu entfalten und zu stärken gilt.

Mit hoher Achtung habe ich Otto von Simsons Impuls zugunsten der Wiedergeburt der Europäischen Universität Erfurt begleitet. Wer seinen Sinn für die geistig-geographische Mitte Deutschlands bewahrt, der versteht ja auch auf Anhieb, welches unersetzbare Fluidum uns mit dieser Stadt gegeben ist und welche Verantwortung wir dort im Zuge der langfristigen Aufgaben unserer Wiedervereinigung Deutschlands und Europas tragen.

Aus meinen Jahren als Bürgermeister in Berlin denke ich voller Dankbarkeit an die immer neuen herausfordernden Ermutigungen durch unseren Jubilar. Jedes der Themen verdiente eine vertiefte Würdigung:

– die Gründung der Stiftung der «Freunde der Schlösser und Gärten» mit ihren bildenden und materiellen Impulsen in Berlin und in seiner Umgebung, Sie alle sind an dem schönen Schinkel-Spiegel vorbeigegangen, der oben an der Treppe steht. Auch diesen Spiegel verdankt die Bundesrepublik Deutschland hier im Schloß Bellevue der Initiative und Tatkraft unseres Jubilars;

– die ernsten Gespräche in der Max-Eyth-Straße über Stadtplanung und Denkmalschutz im Umkreis von Charlottenburger Schloß und Schloßstraße;

– die wunderbare Kraft des Geburtstagskindes, als es darum ging, das «Embarquement pour Cythère» von Watteau für Berlin zu erhalten. Schon allein durch sein kühnes Wort, es handele sich hier um das schönste Gemälde der Menschheit im 18. Jahrhundert überhaupt, verlieh er allen Zaudernden neuen Schwung.

Ich kann unseres Geburtstagskindes nicht gedenken, ohne seinen Urgroßvater Eduard zu erwähnen, den wir gemeinsam im November 1985 in Karlsruhe geehrt haben. In Ihrem Wohnzimmer, Herr von Simson, hängt ein Portrait Ihres Urgroßvaters. Auch im zentralen Terrassenzimmer der Villa Hammerschmidt in Bonn gibt es ein schönes Bild von ihm, dort im ständigen Zwiegespräch mit seinem lebenslangen Gegenüber Bismarck: eines der Lenbachschen Portraits hängt dort gegenüber an der Wand.

Für den großen Ahnen und den großen Urenkel erfüllt mich in gleicher Weise Verehrung.

Schon früh mußten Sie nach Amerika auswandern. Trotz großartiger Wirkungsmöglichkeiten in den Vereinigten Staaten kehrten Sie bereits 1949 nach Deutschland zurück, um mitzuhelfen beim neuen Anfang in unserem Land. Dafür sind und bleiben wir Ihnen immer dankbar. Ihr freier Geist half Wissenschaft und Kultur wiederaufzubauen und die jungen Menschen zu lehren und zu ermutigen.

Mehrfach haben Sie Deutschland den Vorzug gegeben, als es an wahrhaft ehrenvollen Berufungen zu den bedeutendsten Universitäten nicht fehlte, wie etwa 1964 nach Oxford. Ihr Wunsch war es, wie Sie sich ausdrückten, das «geistige Potential Deutschlands» nach der «Hitlerzeit», so haben Sie das nationalsozialistische Deutschland entgegenkommend genannt, wieder zur Geltung zu bringen und auch wieder neue Verbindungen zu den Ländern im östlichen Europa zu schaffen. Das sind hohe Ziele und ich freue mich, daß wir heute nachmittag bei der Eröffnung des großen Kongresses gerade auch in dieser Richtung Früchte erleben werden, die mit auf Ihre Zielsetzung zurückgehen. Über alle Vielseitigkeit Ihrer Arbeitsgebiete, Ihrer Tätigkeiten und Kenntnisse hinweg ist es stets die Höhe der Ziele gewesen, die Sie geleitet hat. Und es ist und bleibt die innere Kraft Ihres Wesens, die uns, Ihre Zeitgenossen, von diesen Zielen zu überzeugen und für sie zu gewinnen vermag. Das ist eine einzigartige Lebensleistung.

Die Deutsche Bibliothek – CIP-Einheitsaufnahme

Weizsäcker, Richard von:
Geburtstagsfeiern / Richard von Weizsäcker. –
Zürich : Manesse Verlag, 1995
(Manesse Bücherei ; Bd. 56)
ISBN 3-7175-8213-5
NE: GT

Buchgestaltung:
Brigitte und Hans Peter Willberg, Eppstein

Abdruck der Laudatio auf Hans Werner Richter
von Günter Grass erfolgt mit freundlicher
Genehmigung des Steidl Verlags, Göttingen
© 1995 by Steidl Verlag, Göttingen

Copyright © 1995 by Manesse Verlag, Zürich
Lektorat: Ulrich Volz
Alle Rechte vorbehalten